caballeros

BIBLIOTECA VISUAL ALTEA

caballeros

Escrito por
CHRISTOPHER GRAVETT

Fotografías de
GEOFF DANN

Cuchillo de
mesa alemán,
siglo XV.

Yelmo de parada italiano, siglo XVI.

Alabarda
alemana, finales
del siglo XVI

Testera alemana, siglo XV
(protege la cabeza del caballo)

Placa decorativa de un sepulcro
representando un caballero

Barbuta italiana,
siglo XV

Espuela, siglo XV

Alabarda
alemana,
hacia 1500.

A DORLING KINDERSLEY BOOK

Consejo editorial:

Londres:
Peter Kindersley, Phil Wilkinson,
Ann Cannings, Helen Parker, Julia Harris,
Louise Barratt, Kathy Lockley.

París:
Pierre Marchand, Jean-Olivier Héron,
Christine Baker, Anne de Bouchony,
Catherine de Sairigné-Bon.

Madrid:
María José Gómez-Navarro,
María Puncel, Juan José Vázquez.

Traducido por Álvaro Soler del Campo.

Título original: Eyewitness Guide.
Volume 43: Knight.

Publicado originalmente en 1993 en Gran Bretaña
por Dorling Kindersley Limited, 9 Henrietta street,
London WC2E 8PS,

y en Francia por Éditions Gallimard, 5 rue Sébastien
Bottin, 75008 Paris.

Copyright © 1993, Dorling Kindersley Limited, Londres,
y Éditions Gallimard, París.

© 1993, Santillana, S. A.,
de la presente edición en lengua española.
Elfo, 32. 28027 Madrid.
Beazley, 3860. 1437 Buenos Aires
ISBN: 84-372-3776-9.

Todos los derechos reservados. Esta publicación no puede
ser reproducida, ni en todo ni en parte, ni registrada
en, o transmitida por, un sistema de recuperación
de información, en ninguna forma ni por ningún medio,
sea mecánico, fotoquímico, electrónico, magnético,
electroóptico, por fotocopia o cualquier otro,
sin el permiso previo por escrito de los propietarios
del copyright.

Printed in Singapore by Toppan Printing Co. (S) Pte Ltd.

Espada
alemana,
siglo XVI.

Sumario

Celada italiana de justa, siglo XVI

6 Los primeros caballeros
8 Los normandos
10 La formación del caballero
12 Hierro por todas partes
14 Moda en acero
16 El interior de la armadura
18 Las armas y el hombre
20 A caballo
22 El castillo
24 El castillo en la guerra
26 Guerra de asedio
28 Armándose para el combate
30 El enemigo
32 La batalla
34 El castillo en la paz
36 El señor
38 Las damas
40 El ideal de la caballería
42 El torneo
44 La justa
46 Combate a pie
48 La heráldica
50 Caza y cetrería
52 Fe y peregrinación
54 Las cruzadas
56 Los Caballeros de Cristo
58 Caballeros del Sol Naciente
60 Los profesionales
62 El ocaso de la caballería
64 Índice

Los primeros caballeros

EN EL SIGLO IV cayó el Imperio Romano y Europa fue invadida por diversas tribus bárbaras. Uno de los grupos dominantes fue el de los francos de Europa Central y Occidental, que gradualmente extendieron su poder hasta que en el año 800 su rey Carlomagno se convirtió en Emperador de Occidente. Carlomagno aumentó el número de jinetes de su ejército y dio tierras a estos guerreros montados. En el siglo IX el imperio se desmembró desgarrado por guerras civiles e invasiones. Los señores locales y sus guerreros ofrecieron protección a los campesinos, que, a cambio, se convirtieron en sus siervos. En este sistema feudal, el primero de Europa, los señores debían fidelidad a señores más poderosos, unidos entre sí por juramentos de lealtad. Todos eran caballeros, guerreros que luchaban a caballo. En el siglo XI una nueva clase social estaba formada por caballeros armados, que servían al señor local, a un conde o a un duque y, a su vez, eran atendidos por siervos.

La infantería de Carlomagno usó lanzas con aletas en la base de la punta, al igual que la caballería en ciertas ocasiones. Las aletas podían parar un arma que se deslizara por el astil, o prevenir que la lanza quedara inmovilizada en el cuerpo del oponente. También fueron útiles cuando se usaban para esgrimir.

Bajo Carlomagno y sus descendientes (los carolingios) los jinetes armados adquirieron mayor importancia. En este manuscrito de finales del siglo IX tienen cotas de escamas imbricadas, yelmos, escudos y lanzas. Ahora ya montan con estribo para afianzarse sobre la silla. El primer jinete lleva un estandarte simulando un dragón.

Hoja de doble filo apuntada

Aleta

Enmangue

Cuando cayó el Imperio Romano muchos jinetes de Europa Oriental llegaron a Occidente. Esta placa muestra un jinete lombardo hacia el año 600. En contraposición a un jinete posterior no usa estribos, pero gentes como él fueron los predecesores de los grandes guerreros montados de siglos posteriores.

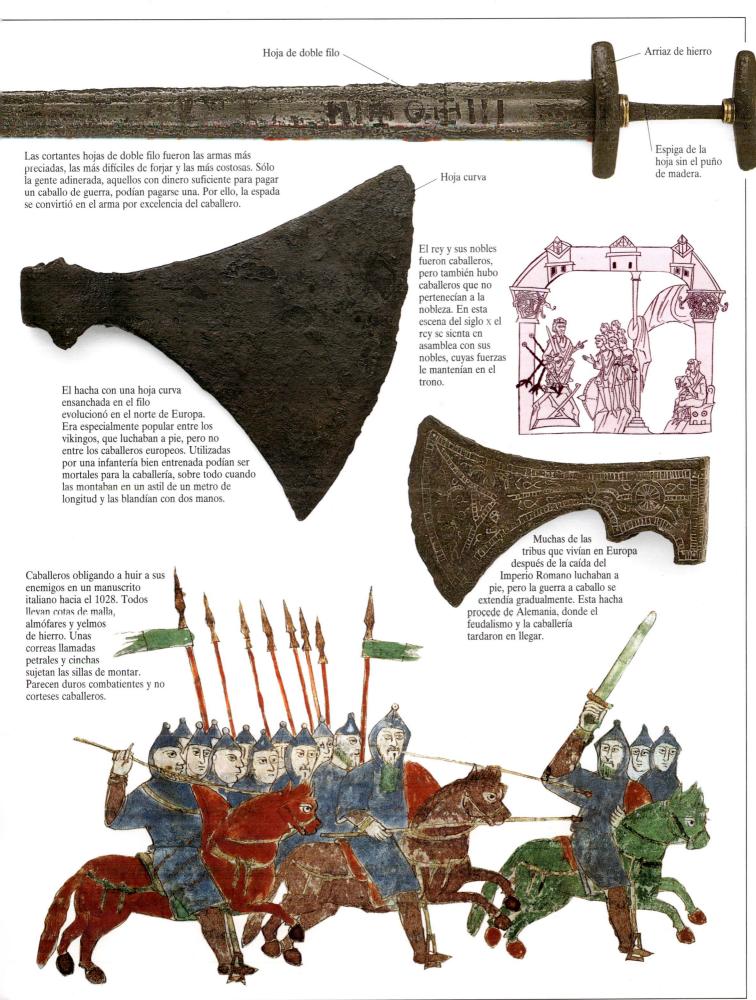

Hoja de doble filo — Arriaz de hierro

Espiga de la hoja sin el puño de madera.

Las cortantes hojas de doble filo fueron las armas más preciadas, las más difíciles de forjar y las más costosas. Sólo la gente adinerada, aquellos con dinero suficiente para pagar un caballo de guerra, podían pagarse una. Por ello, la espada se convirtió en el arma por excelencia del caballero.

Hoja curva

El hacha con una hoja curva ensanchada en el filo evolucionó en el norte de Europa. Era especialmente popular entre los vikingos, que luchaban a pie, pero no entre los caballeros europeos. Utilizadas por una infantería bien entrenada podían ser mortales para la caballería, sobre todo cuando las montaban en un astil de un metro de longitud y las blandían con dos manos.

El rey y sus nobles fueron caballeros, pero también hubo caballeros que no pertenecían a la nobleza. En esta escena del siglo X el rey se sienta en asamblea con sus nobles, cuyas fuerzas le mantenían en el trono.

Muchas de las tribus que vivían en Europa después de la caída del Imperio Romano luchaban a pie, pero la guerra a caballo se extendía gradualmente. Esta hacha procede de Alemania, donde el feudalismo y la caballería tardaron en llegar.

Caballeros obligando a huir a sus enemigos en un manuscrito italiano hacia el 1028. Todos llevan cotas de malla, almófares y yelmos de hierro. Unas correas llamadas petrales y cinchas sujetan las sillas de montar. Parecen duros combatientes y no corteses caballeros.

Los normandos

EN UN INTENTO de frenar las incursiones vikingas en su territorio del norte de Francia, el rey Carlos el Simple dio tierras en el año 911 a un grupo de invasores del norte. Su nuevo hogar fue llamado Normandía (la tierra de los hombres del norte) y su líder, Rollón, se convirtió en su primer duque. Los vikingos luchaban a pie, pero los normandos aprendieron a montar como caballeros franceses y se convirtieron en magníficos guerreros. Cuando el rey Eduardo el Confesor murió en 1066, su primo, el duque Guillermo de Normandía, afirmó que se le había prometido el trono de Inglaterra y la invadió con su ejército. Derrotó al nuevo rey, Harold, en una batalla cerca de Hastings y llevó a Inglaterra el sistema feudal con el caballero y su castillo. Aproximadamente al mismo tiempo aventureros normandos invadían zonas del sur de Italia y Sicilia.

Soldados de rostro fiero, armados con lanzas y escudos de madera en forma de cometa, aguardan preparados en la cubierta de un barco. Este manuscrito francés del siglo XI muestra una nave como las usadas por los normandos para llevar el ejército invasor a Inglaterra.

Umbo metálico

Esta pequeña figura de bronce del siglo XII muestra cómo el equipo del caballero sólo cambió ligeramente después de la conquista normanda. La cresta del yelmo está inclinada hacia adelante y tiene un largo vestido (gambax) debajo de la cota de malla, en la que ahora son comunes las mangas largas. El escudo estaba decorado en el centro con un umbo metálico.

Punta

Acicate de hierro del siglo XI. Se fijaba al pie del caballero mediante correas remachadas en sus brazos. Aunque las espuelas fueron utilizadas por diferentes clases sociales, siempre se asocian, sobre todo, con los caballeros.

Las correas de cuero se fijaban aquí.

Brazo

Banda para fijar una correa

Boquilla

Hoja de doble filo

Esta escena pertenece al tapiz de Bayeux, probablemente bordado veinte años después de la batalla de Hastings. Representa a caballeros normandos que visten cotas de malla, almófares y yelmos provisto de nasal. Llevan escudos en forma de cometa, espadas y lanzas ligeras. Los pendones en las lanzas señalan que debieron ser personajes de alto rango.

En esta escena del tapiz de Bayeux los ingleses defienden su posición en lo alto de una colina en Hastings. Al contrario que los normandos, los ingleses sólo luchaban a pie. Las armas y defensas de sus mejores tropas son parecidas a las de los normandos, excepto una gran hacha de dos manos que lleva al hombro la figura de la izquierda. También se aprecian haces de jabalinas y una maza arrojadiza. Flechas normandas se clavan en sus escudos.

Los normandos no sólo usaron la piedra para construir algunos de sus castillos (págs. 22-23), también la utilizaron para levantar grandes catedrales, abadías e iglesias en el recién conquistado reino de Inglaterra. La arquitectura era de estilo románico, que estuvo de moda durante los siglos XI y XII. Las grandes columnas y los arcos de medio punto son típicos de este estilo, como se ve en la nave de la catedral de Durham.

Maza de bronce del siglo XII montada en un astil moderno. Las puntas de su cabeza podrían romper los huesos del oponente bajo la flexible cota de malla.

Las puntas podían romper la malla.

Bestias fantásticas talladas

Auriga

Luchadores

Los cuernos no sólo se usaban para tocar música y animar la cena, si no también para dar órdenes en el campo de batalla. Este cuerno fue tallado en el sur de Italia a partir de un colmillo de elefante. Los normandos se asentaron en esta zona y conquistaron Sicilia. La isla tenía una rica mezcla de cultura bizantina e islámica, y se situaba entre rentables rutas comerciales a través del Mediterráneo.

Canal — Arriaz — Pomo

La espada era el arma preferida del caballero. Su cortante hoja de doble filo tenía un canal central para aligerarla. El pomo en forma de nuez ayudaba a contrarrestar el peso de la hoja facilitando su manejo.

La formación del caballero

HACIA LOS SIETE AÑOS DE EDAD, un joven de noble cuna que fuera a ser caballero era enviado a servir como paje a la casa de un noble, generalmente su tío o un gran señor. Allí aprendía a comportarse y a montar a caballo. A los catorce años era aprendiz de un caballero a quien servía como escudero. Se le enseñaba el manejo de las armas y a cuidar de la armadura y de los caballos de su maestro, e incluso iba a la batalla con él ayudándole a armarse y atendiéndole si era herido o desarzonado. Aprendía a disparar con arco y a trinchar la carne para comer. Los escuderos con éxito eran armados caballeros hacia los veintiún años.

Espaldar

Peto

Estas piezas, fechadas hacia 1600, pertenecen a una armadura completa forjada para un niño. Sólo las familias ricas podían permitirse regalos semejantes para sus hijos pequeños.

Orificios para fijar las escarcelas (defensas del muslo).

Los hijos de familias nobles, que eran enviados muy jóvenes a la casa de un señor o a la corte real, aprendían diversas habilidades. Se les enseñaba a servir al caballero, atender a las damas nobles, aprender el arte de los modales gentiles y de la buena educación.

Los jóvenes que querían ser caballeros debían estar en forma. Por ello, los escuderos se entrenaban continuamente para ejercitar sus músculos y mejorar sus habilidades con las armas. Practicaban entre ellos y también con sus maestros, quienes también necesitaban estar en forma. El entrenamiento era duro y no todos lo aguantaban. Los que lo hacían se convertían al final en caballeros. Esta pintura del siglo XV muestra varios ejercicios con los que los jóvenes podían entrenarse.

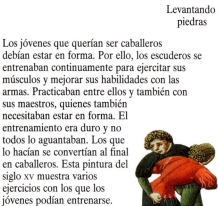

Levantando piedras

Lanzamiento de jabalina

Acrobacias

Lucha con espada y broquel.

Lucha libre

Lucha con vara

10

La palabra escudero viene del francés *écuyer*, que designa al que lleva el escudo. Parece ser que en los siglos XI y XII muchos escuderos fueron sirvientes de inferior clase social, pero con posterioridad los hijos de las familias nobles debieron ser escuderos antes que caballeros. En el siglo XIII hacerse caballero era tan caro que muchos jóvenes intentaron evitar ser investidos como tales para seguir siendo escuderos.

Geoffrey Chaucer escribió *Los cuentos de Canterbury* hacia 1380. Una de las historias está contada por un escudero de unos 20 años que es el bullicioso hijo de un caballero. Sabía componer canciones, bailar, conversar y escribir; era también un buen jinete y sabía justar. Otro cuento muestra que algunos escuderos no eran tan educados y a veces se comportaban de manera brutal. En Boston (Inglaterra), en 1288, dos cuadrillas de escuderos incendiaron media ciudad fingiendo sostener un torneo.

Los escuderos practicaban contra un poste de madera. En ocasiones se les daban armas que pesaban el doble de las usadas en la batalla para acostumbrarles a ellas y ejercitar sus músculos.

Chaucer señala cómo el escudero trinchaba la carne frente a su padre en la mesa. Hacerlo correctamente era un arte que se enseñaba a los hijos de las familias nobles como parte de su formación.

Botas de cuero hasta los muslos

La justa se practicaba con una estructura giratoria de madera llamada estafermo, que podía tener forma de guerrero. En un extremo tenía un escudo donde el jinete golpeaba al pasar, pero debía ser rápido para evitar el golpe de un contrapeso situado en el extremo opuesto.

Un escudero se convertía en caballero mediante la ceremonia de la invetidura. Originalmente era un pescozón, pero hacia el siglo XIII fue sustituido por un golpecito con la espada. Durante la ceremonia se ponían la espada y espuelas al caballero, acto al que seguían fiestas donde podía mostrar sus habilidades. La investidura era realizada por otro caballero, a menudo su maestro o incluso el rey.

Hierro por todas partes

LA DEFENSA CORPORAL MÁS importante utilizada por los primeros caballeros era la malla, elaborada con pequeños anillos de hierro entrelazados. Durante el siglo XII los caballeros comenzaron a utilizarla más: las mangas se alargaron y las brafoneras (calzas de malla) se hicieron populares. Una prenda acolchada llamada *aketon* se vestía bajo ella para absorber los golpes. En el siglo XIV los caballeros fueron añadiendo placas de acero para proteger sus miembros, mientras que el cuerpo era protegido mejor con una cota de placas, hecha con piezas de hierro remachadas sobre un soporte de tela. Hacia 1400 algunos caballeros ya usaban armaduras completas que pesaban 20-25 kg. El peso estaba distribuido por todo el cuerpo, lo que permitía correr, echarse o montar sin ayuda. Las historias sobre grúas para subir al caballo son pura fantasía. Las armaduras tenían, sin embargo, otro inconveniente: daban mucho calor.

En este fragmento de malla cada anillo está entrelazado con otros cuatro y cerrado con un remache. Una cota de malla pesaba entre 11 y 14 kg, soportados en su mayor parte sobre los hombros del caballero. Como las mallas eran flexibles, un golpe fuerte podía romper huesos o causar magulladuras.

Este caballero del siglo XIV tiene un yelmo guarnecido con una cimera, que ayudaba a identificarle en la batalla. Sin embargo, en esta época las defensas como éstas perdían popularidad a favor del bacinete y de las viseras.

Este bacinete italiano de finales del siglo XIV tenía originalmente una vista que se levantaba sobre las cejas. Los alemanes llamaron a este tipo *Hundsgugel* (cabezal de perro).

Nadie sabe exactamente cómo se hacían las mallas. Esta miniatura del siglo XV muestra a un armero usando alicates para cerrar los anillos. Estas prendas se formaban incrementando o reduciendo el número de anillos en cada hilera, casi como en una labor de punto moderna.

Aguja que permite quitar la vista.

Varilla que permite quitar la malla.

Orificios de ventilación

Malla moderna para el cuello.

Las manoplas, como este par milanés de finales del siglo XIV, estaban remachadas al exterior de un guante de cuero. Otras placas más pequeñas se añadían para proteger los dedos. En este caso, la copa, o extremo posterior, tiene una banda de latón en la que está escrita la palabra AMOR.

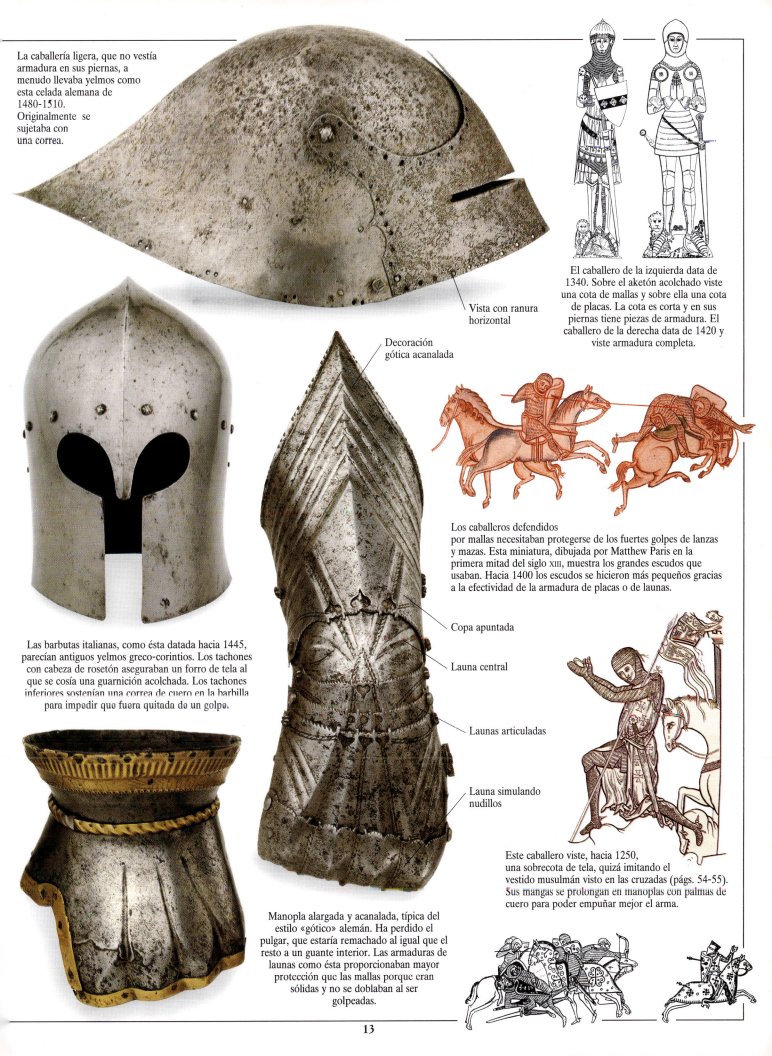

La caballería ligera, que no vestía armadura en sus piernas, a menudo llevaba yelmos como esta celada alemana de 1480-1510. Originalmente se sujetaba con una correa.

Vista con ranura horizontal

Decoración gótica acanalada

El caballero de la izquierda data de 1340. Sobre el aketón acolchado viste una cota de mallas y sobre ella una cota de placas. La cota es corta y en sus piernas tiene piezas de armadura. El caballero de la derecha data de 1420 y viste armadura completa.

Los caballeros defendidos por mallas necesitaban protegerse de los fuertes golpes de lanzas y mazas. Esta miniatura, dibujada por Matthew Paris en la primera mitad del siglo XIII, muestra los grandes escudos que usaban. Hacia 1400 los escudos se hicieron más pequeños gracias a la efectividad de la armadura de placas o de launas.

Copa apuntada

Launa central

Las barbutas italianas, como ésta datada hacia 1445, parecían antiguos yelmos greco-corintios. Los tachones con cabeza de rosetón aseguraban un forro de tela al que se cosía una guarnición acolchada. Los tachones inferiores sostenían una correa de cuero en la barbilla para impedir que fuera quitada de un golpe.

Launas articuladas

Launa simulando nudillos

Este caballero viste, hacia 1250, una sobrecota de tela, quizá imitando el vestido musulmán visto en las cruzadas (págs. 54-55). Sus mangas se prolongan en manoplas con palmas de cuero para poder empuñar mejor el arma.

Manopla alargada y acanalada, típica del estilo «gótico» alemán. Ha perdido el pulgar, que estaría remachado al igual que el resto a un guante interior. Las armaduras de launas como ésta proporcionaban mayor protección que las mallas porque eran sólidas y no se doblaban al ser golpeadas.

13

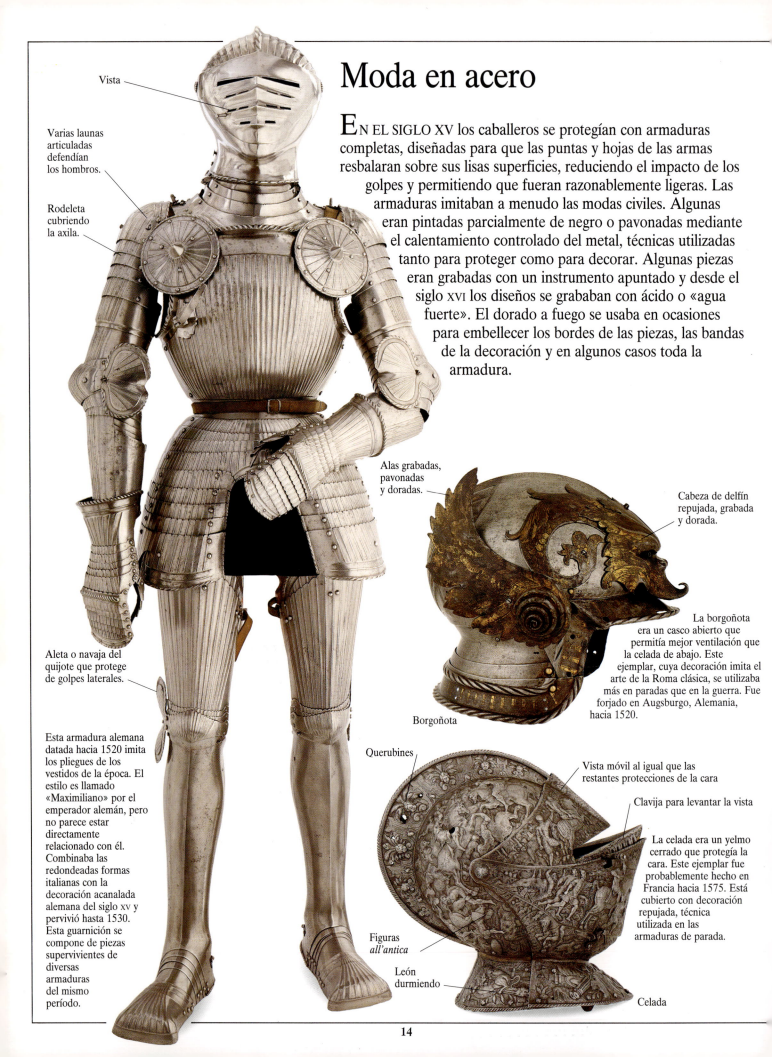

Moda en acero

En el siglo XV los caballeros se protegían con armaduras completas, diseñadas para que las puntas y hojas de las armas resbalaran sobre sus lisas superficies, reduciendo el impacto de los golpes y permitiendo que fueran razonablemente ligeras. Las armaduras imitaban a menudo las modas civiles. Algunas eran pintadas parcialmente de negro o pavonadas mediante el calentamiento controlado del metal, técnicas utilizadas tanto para proteger como para decorar. Algunas piezas eran grabadas con un instrumento apuntado y desde el siglo XVI los diseños se grababan con ácido o «agua fuerte». El dorado a fuego se usaba en ocasiones para embellecer los bordes de las piezas, las bandas de la decoración y en algunos casos toda la armadura.

Vista

Varias launas articuladas defendían los hombros.

Rodeleta cubriendo la axila.

Alas grabadas, pavonadas y doradas.

Cabeza de delfín repujada, grabada y dorada.

La borgoñota era un casco abierto que permitía mejor ventilación que la celada de abajo. Este ejemplar, cuya decoración imita el arte de la Roma clásica, se utilizaba más en paradas que en la guerra. Fue forjado en Augsburgo, Alemania, hacia 1520.

Borgoñota

Aleta o navaja del quijote que protege de golpes laterales.

Esta armadura alemana datada hacia 1520 imita los pliegues de los vestidos de la época. El estilo es llamado «Maximiliano» por el emperador alemán, pero no parece estar directamente relacionado con él. Combinaba las redondeadas formas italianas con la decoración acanalada alemana del siglo XV y pervivió hasta 1530. Esta guarnición se compone de piezas supervivientes de diversas armaduras del mismo período.

Querubines

Vista móvil al igual que las restantes protecciones de la cara

Clavija para levantar la vista

La celada era un yelmo cerrado que protegía la cara. Este ejemplar fue probablemente hecho en Francia hacia 1575. Está cubierto con decoración repujada, técnica utilizada en las armaduras de parada.

Figuras all'antica

León durmiendo

Celada

El interior de la armadura

LA GENTE SUELE PENSAR que una armadura es pesada y rígida, pero si así fuera no se habrían usado en batalla. De hecho, un hombre con armadura podía hacer casi lo mismo que sin ella. El secreto reside en la manera en que los armeros hacían las piezas para que pudieran moverse unas con otras y con quien las llevaba. Algunas piezas se unían mediante remaches que permitían a las dos partes girar sobre un punto. En otras ocasiones se usaban pernos fijados en ranuras, de manera que las piezas podían entrar o salir. Las correas interiores de sujeción permitían también estos movimientos. En otros casos tenían un reborde saliente que permitía encajar el borde de otra pieza para que ambas girasen.

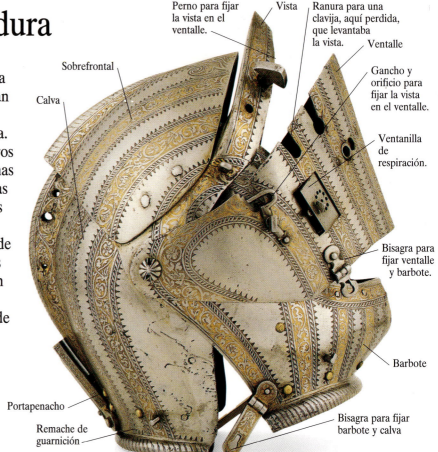

Esta celada grabada y forjada en el norte de Italia hacia 1570 tiene piezas de refuerzo fijadas a la calva. La vista encaja en el ventalle y éste en el barbote. Pueden inmovilizarse entre sí y giran en el mismo punto por ambos lados.

En esta manopla alemana de hacia 1515 se podía cerrar el puño. Las launas de los dedos están unidas por remaches situados en sus extremos posteriores, por lo que se cierran como un puño. Otros remaches sujetaban en el borde un guante de cuero interior, al que también se unía el artejo del pulgar.

Un armero ha calentado una pieza de metal en la fragua para templarla y está martilleándola para darle forma sobre un yunque montado en un tronco de árbol. El fuelle reaviva el fuego para elevar la temperatura.

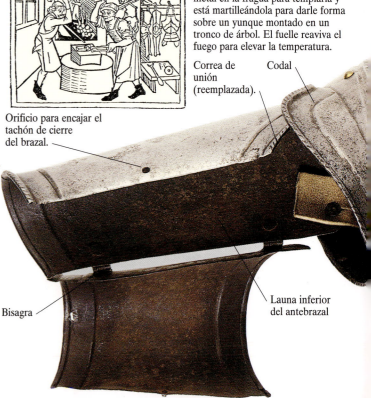

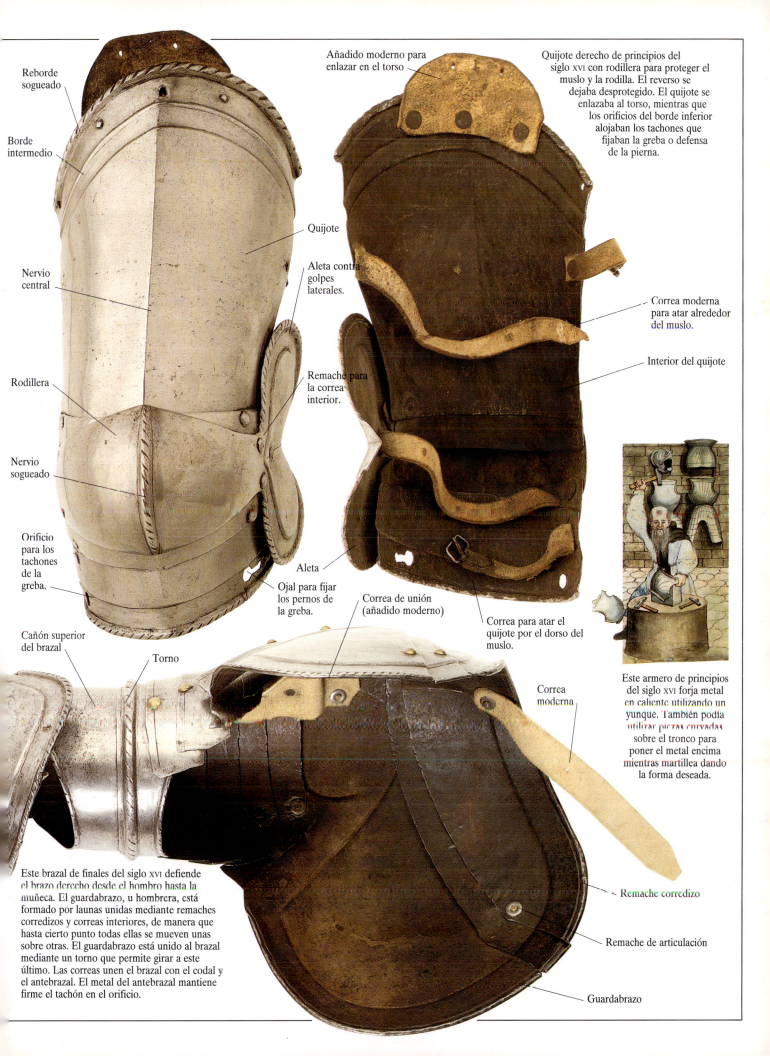

Las armas y el hombre

LA ESPADA FUE EL ARMA más importante del caballero, un signo de caballería por sí misma. Hasta finales del siglo XIII la cortante espada de doble filo fue utilizada en batalla. Las espadas apuntadas se hicieron más comunes al extenderse las defensas de placas, ya que eran mejores para estoquear a través de los espacios entre launas. También aumentó la popularidad de la maza, que podía conmocionar al oponente. Antes de usar la espada o la maza el caballero cargaba con la lanza bajada. Las lanzas aumentaron su longitud durante la Edad Media y hacia 1300 comenzaron a guarnecerse con arandelas circulares para proteger la mano. Otras armas como el hacha corta podían usarse a caballo, mientras que a pie podían usarse largas armas de asta empuñadas con dos manos.

La espada de doble filo, mostrada desenvainada en este sepulcro del siglo XIII, podía romper las mallas y producir una herida.

Caballeros del siglo XIV cargando en formación con las lanzas bajo la axila. Para mantenerse alineados montaban al trote antes de cargar al acercarse al enemigo.

Esta espada datada hacia 1460 tiene un arriaz de cobre dorado. Al igual que la situada sobre ella debió de ser forjada probablemente para un caballero rico.

Arriaz de cobre dorado

Pomo de cola de pez

Puño de cuerno

Nudo

El nudo de la maza tiene navajas salientes para concentrar la fuerza del golpe. Este tipo se utiliza desde el siglo XI, pero se populariza en el XIV por la generalización de las armaduras de placas. En este caso tiene una cabeza de bronce montada en un astil moderno. El mangual era una bola de hierro con pinchos, unida a un astil por una cadena. Se usaba a pie.

Astil moderno

Marca de armero

Esta miniatura de principios del siglo XIV muestra cómo todavía eran muy utilizadas las espadas de doble filo. Por esqueletos conservados sabemos que la fuerza de un golpe podía causar terribles heridas y cortes en los huesos.

Pomo de cola de pez

Puño moderno acordonado

Las espadas de dos manos fueron las versiones en grande de las normales y se blandían para asestar un potente golpe. Este ejemplar, posiblemente forjado en Inglaterra, está datado hacia 1450. Las grandes espadas empezaron a hacerse populares en el siglo XIII y los caballeros a menudo colgaban una de ellas de su silla junto a la espada habitual.

Hoja de sección romboidal

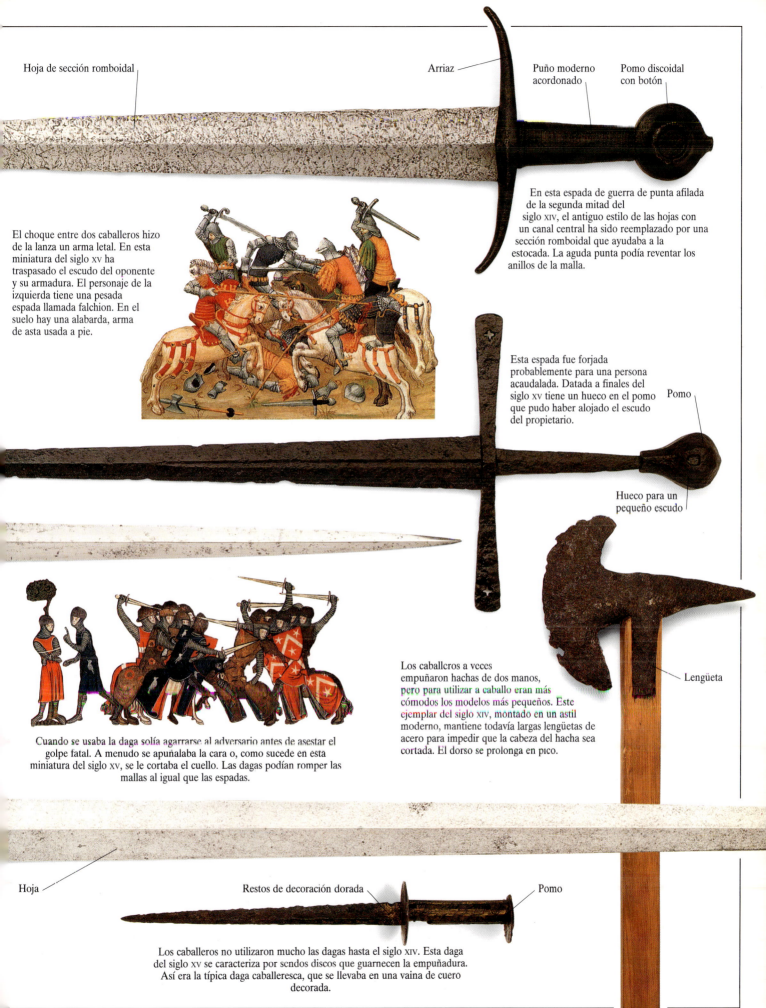

Hoja de sección romboidal — Arriaz — Puño moderno acordonado — Pomo discoidal con botón

En esta espada de guerra de punta afilada de la segunda mitad del siglo XIV, el antiguo estilo de las hojas con un canal central ha sido reemplazado por una sección romboidal que ayudaba a la estocada. La aguda punta podía reventar los anillos de la malla.

El choque entre dos caballeros hizo de la lanza un arma letal. En esta miniatura del siglo XV ha traspasado el escudo del oponente y su armadura. El personaje de la izquierda tiene una pesada espada llamada falchion. En el suelo hay una alabarda, arma de asta usada a pie.

Esta espada fue forjada probablemente para una persona acaudalada. Datada a finales del siglo XV tiene un hueco en el pomo que pudo haber alojado el escudo del propietario.

Pomo — Hueco para un pequeño escudo

Los caballeros a veces empuñaron hachas de dos manos, pero para utilizar a caballo eran más cómodos los modelos más pequeños. Este ejemplar del siglo XIV, montado en un astil moderno, mantiene todavía largas lengüetas de acero para impedir que la cabeza del hacha sea cortada. El dorso se prolonga en pico.

Lengüeta

Cuando se usaba la daga solía agarrarse al adversario antes de asestar el golpe fatal. A menudo se apuñalaba la cara o, como sucede en esta miniatura del siglo XV, se le cortaba el cuello. Las dagas podían romper las mallas al igual que las espadas.

Hoja — Restos de decoración dorada — Pomo

Los caballeros no utilizaron mucho las dagas hasta el siglo XIV. Esta daga del siglo XV se caracteriza por sendos discos que guarnecen la empuñadura. Así era la típica daga caballeresca, que se llevaba en una vaina de cuero decorada.

A caballo

EL CABALLO era un componente caro, pero esencial, en el equipo del caballero, que los necesitaba para guerrear, cazar, justar, viajar y llevar el bagaje. El más caro era el caballo de guerra, caracterizado por su mayor tamaño y ancho pecho, que proporcionaba resistencia y agilidad. Los caballeros apreciaban los caballos italianos, franceses y españoles, de hecho el caballo andaluz actual es la raza moderna más próxima al caballo de guerra. Desde el siglo XIII los caballeros usaron al menos dos caballos de guerra junto con otros para diferentes tareas. Tenían un veloz caballo de caza y un «destrier» para la justa. Para viajar contaban con una montura bien educada, de marcha fácil, llamada palafrén. Para llevar el bagaje usaron caballos de carga.

Una miniatura de principios del siglo XIV muestra al rey de Inglaterra en su caballo de guerra. Las ricas telas de las gualdrapas podían mostrar su escudo de armas y estar acolchadas para mayor protección. Algunas incluso fueron hechas de malla.

«Destrier» armado con testera, capizana, pechera y ricas gualdrapas. En esta miniatura del siglo XV el caballero lleva largas espuelas y monta con las piernas extendidas. Usa riendas dobles, una de ellas muy decorada.

Decoración grabada y dorada

Ojo para el acio correa con que se cuelga el estribo.

Launas articuladas

Hondón

El caballero llevaba espuelas en los pies. Este acicate del siglo XII o XIII está hecho de hierro estañado. Las dos correas de cuero que pasaban por encima y por debajo del pie se remachaban en los extremos de cada acicate.

Punta

Rueda o navaja

A principios del siglo XIV los acicates son reemplazados por espuelas con una rueda giratoria provista de puntas. Esta espuela dorada data de la segunda mitad del siglo XV.

Estribos de hierro como éste, datable en el siglo XIV, se usaban con largas correas de forma que el caballero casi estaba de pie sobre ellos. Junto con el soporte de arzones altos en el frente y en el dorso, proporcionaban un asiento muy seguro desde el que luchar.

Escudete apuntado en espiral

Portapenacho de latón

Esta talla de finales del siglo XV muestra un correo en su montura. El caballo es rápido y tiene suficiente fuerza para viajar a larga distancia.

Anteojeras

Protector del hocico

La armadura del caballo era cara y poco común. Si el caballero sólo podía pagar una parte elegía la testera, que probablemente se usó desde el siglo XII. Esta testera y su capizana fueron forjadas en el norte de Italia hacia 1570. Ambas están grabadas al agua fuerte y doradas representando animales, pájaros y diversos personajes. La capizana se articula con remaches de resbalón y correas de cuero interiores.

El término «destrier», del latín *dextra*, derecha, sugiere que el caballo era gobernado con la mano o con la pierna derecha, de manera que si el jinete hurtaba el cuerpo se apartaba del oponente.

La cadena va debajo de la garganta del caballo.

Arranque de capizana

Copa decorada

Bocados parecidos a éste fueron usados con fines militares desde finales de la Edad Media hasta el siglo XIX. Las largas camas presionan la boca del caballo y mejoran su gobierno.

Anilla para las riendas

Bozal de acero decorado con paneles calados y barras cinceladas. En el extremo superior se lee: *Como Dios lo quiere así es mi designio*. Debajo muestra un águila imperial y la fecha de 1561. Dos lagartos soportan el panel y las letras inferiores indican probablemente el nombre del propietario.

Esta testera alemana de 1460 tiene el arranque de capizana sujeto por una bisagra de latón para proteger la parte alta de la cabeza. El escudete se ha perdido y los remaches sostenían originalmente una guarnición interior textil.

21

El castillo

EL CASTILLO PODÍA SER la casa del señor, un centro administrativo o una base para los soldados. Los primeros castillos se edificaron posiblemente en Francia durante el siglo XI por las guerras civiles y los ataques vikingos. Aunque algunos primeros castillos se construyeron en piedra, muchos consistían en terraplenes y murallas de madera. Los caballeros empezaron a usar piedra porque era más fuerte y más resistente al fuego. A finales del siglo XV el castillo se vuelve menos importante porque las sociedades son más estables, demandan confort y se incrementa el uso de la artillería. Algunos de sus cometidos militares fueron desempeñados por fuertes, emplazamientos defendidos por armas de fuego y controlados por el estado.

Las ventanas que estaban cerca del suelo eran muy pequeñas para protegerse de las flechas del enemigo o de los que pudieran trepar. Eran estrechas en el exterior, pero se ensanchaban al interior para tener toda la luz posible.

Los castillos de los siglos X-XII consistían generalmente en un foso y un terraplén con vallas de madera. Desde el siglo XI muchos tuvieron un montículo llamado mota, última línea defensiva con una torre de madera en lo alto. El patio o bailía albergaba todos los edificios domésticos.

El «donjon» de piedra se generaliza a finales del siglo XI y en el XII. Los más grandes podían acomodar al señor y a su familia. La bailía estaba rodeada por murallas de piedra y torres cuadradas. Las torres redondas aparecen en el siglo XII.

Los castillos de piedra costaban una fortuna y podían tardar años en ser completados. El señor elegía un lugar fuerte y la planta del edificio. La piedra se traía especialmente y se necesitaban grandes cantidades de cal, arena y agua para el mortero. Los materiales y los trabajadores eran proporcionados por el señor.

En el siglo XIII comienzan a construirse castillos concéntricos con dos líneas de murallas. La interior era más alta para dar a los arqueros una visión más clara del campo de tiro. Algunos castillos tienen otra muralla exterior añadida posteriormente, proporcionando otra línea defensiva. Los ríos se utilizaban a veces para crear extensas defensas de agua.

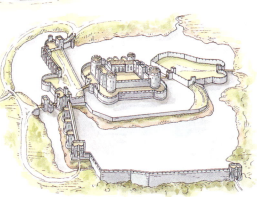

Vallas de madera de la mota fueron sustituidas por murallas de piedra. A veces se construía una torre de piedra sobre la mota, pero el montículo artificial no siempre era suficientemente fuerte para resistir el peso. La torre de Clifford (Inglaterra), del siglo XIII, se derrumbó por este motivo.

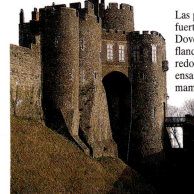

Las puertas de los castillos estaban fuertemente fortificadas. En Dover, Inglaterra, la puerta está flanqueada por dos grandes torres redondas. Las murallas están ensanchadas en la base y la fuerte mampostería ayuda a protegerla contra las minas. Tiene también un profundo foso seco para obstaculizar a los atacantes.

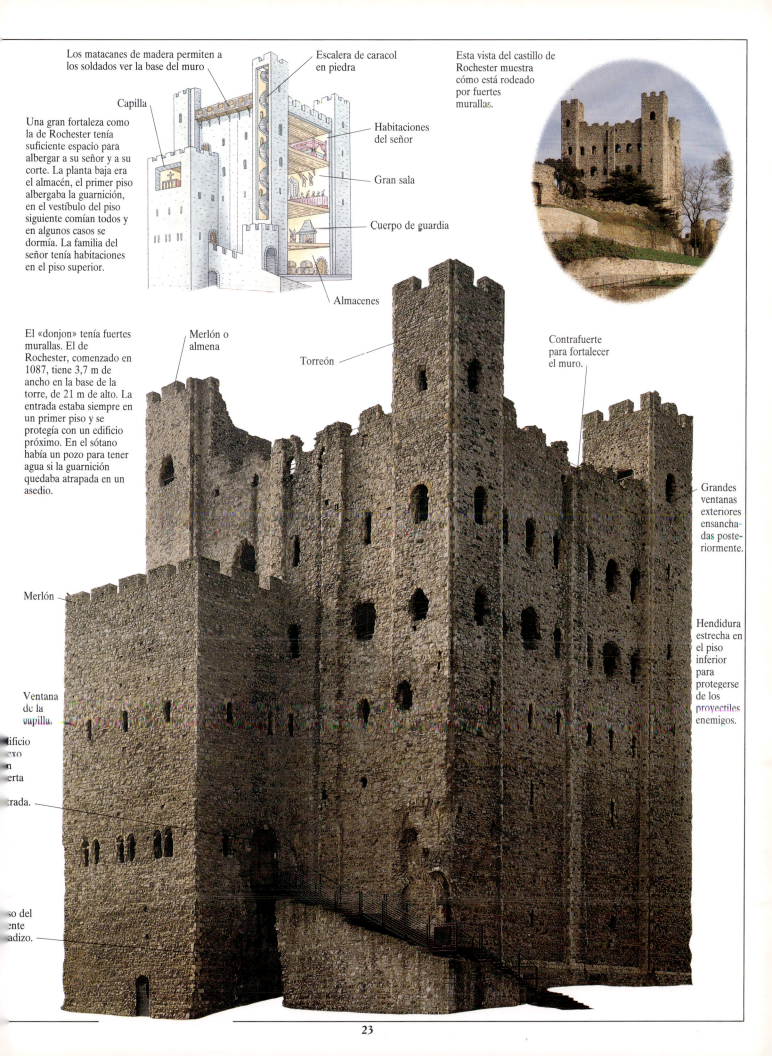

Los matacanes de madera permiten a los soldados ver la base del muro

Escalera de caracol en piedra

Esta vista del castillo de Rochester muestra cómo está rodeado por fuertes murallas.

Capilla

Habitaciones del señor

Una gran fortaleza como la de Rochester tenía suficiente espacio para albergar a su señor y a su corte. La planta baja era el almacén, el primer piso albergaba la guarnición, en el vestíbulo del piso siguiente comían todos y en algunos casos se dormía. La familia del señor tenía habitaciones en el piso superior.

Gran sala

Cuerpo de guardia

Almacenes

El «donjon» tenía fuertes murallas. El de Rochester, comenzado en 1087, tiene 3,7 m de ancho en la base de la torre, de 21 m de alto. La entrada estaba siempre en un primer piso y se protegía con un edificio próximo. En el sótano había un pozo para tener agua si la guarnición quedaba atrapada en un asedio.

Merlón o almena

Torreón

Contrafuerte para fortalecer el muro.

Grandes ventanas exteriores ensanchadas posteriormente.

Merlón

Hendidura estrecha en el piso inferior para protegerse de los proyectiles enemigos.

Ventana de la capilla.

23

El castillo en la guerra

LOS CASTILLOS SE construyeron como defensa contra los ataques enemigos. El primer obstáculo para el enemigo era una zanja que rodeaba el castillo, donde a veces había estacas para aminorar su marcha y convertirse en un blanco fácil. Los fosos —zanjas rellenas de agua— fueron menos comunes e impedían que los atacantes socavaran los muros. Las torres sobresalían de las murallas para que los arqueros defensores pudieran disparar y repeler a los atacantes en un más amplio entorno del castillo. Los portillos permitían a los defensores salir y sorprender al enemigo. El castillo también era una base desde la cual los caballeros salían a combatir a un enemigo o a asolar sus tierras.

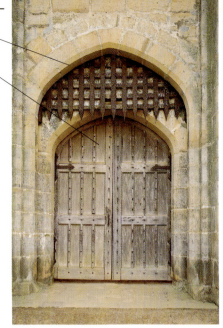

Rastrillo de madera revestido de hierro
Puertas de madera barreadas por detrás

La puerta estaba fuertemente defendida porque se pensaba que era un punto débil. Generalmente se tendía un puente levadizo de madera sobre el foso y se bajaba una puerta de hierro llamada rastrillo para formar una barrera.

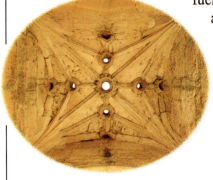

En el abovedado techo de piedra de la puerta había orificios que permitían apagar fuegos, o posiblemente arrojar piedras o agua hirviendo sobre las cabezas de los atacantes.

Hueco desde donde los defensores podían disparar.

Almenas para proteger a los defensores de los proyectiles.

Torre redonda flanqueando la puerta. No tiene esquinas, lo que la pone a salvo del ariete o las minas.

Foso

Altos torreones daban distintas vistas de aproximación del enemigo

Matacanes en las torres de la puerta

Almenas

Esta miniatura del siglo XIV representa a Godofredo de Bouillon, cruzado del siglo XI, atacando una fortificación. Sus hombres usan escaleras, que eran siempre muy peligrosas porque los defensores podían intentar empujarlas. Los arqueros disparan cubriéndolos.

La tronera era un hueco del ancho del muro con una pequeña abertura al exterior. Permitía a los defensores mirar y disparar sin exponerse. En este caso, la parte circular está concebida para armas de fuego, usadas cada vez más en la época en que este castillo fue construido.

Esta fotografía fue hecha mirando hacia arriba frente al castillo. Las torres flanquean la puerta protegiéndola. Las almenas sobresalen del muro porque a través de los huecos podían arrojarse materiales ofensivos sobre los atacantes, como agua hirviendo o arena caliente. También podían utilizarse para arrojar agua fría y apagar incendios.

Ménsula de piedra soportando las almenas.

Tanto los atacantes como los defensores de este castillo usan máquinas de asedio (págs. 26-27) para arrojarse proyectiles.

El castillo Bodiam, en Sussex, Inglaterra, fue construido en 1385 por sir Edward Dalyngrigge por temor a una invasión francesa. Tiene una única muralla de piedra con torres redondas en las esquinas y está rodeado por una zanja. Para protegerse contra posibles traiciones de los soldados defensores, no hay puertas de conexión entre otras dependencias y las del señor.

Torreón o torre vigía

Ventana ojival para dejar pasar la luz resguardándose de los proyectiles.

Guerra de asedio

Brazo de contrapeso

Honda

Caja con pesos

Bolsa de honda

Cuerda para tirar del brazo hacia abajo

EL ATACANTE de un castillo podía pedir a su guarnición que se rindiera. Si le rechazaban, podía intentan tomar el castillo por asedio. Había dos métodos. El primero era rodear el castillo e impedir que alguien entrara o saliera, sometiéndoles mediante el hambre. El segundo utilizaba la fuerza. Otro método era hacer un túnel bajo la muralla alcanzando el interior, o minar el muro y derribarlo. Los atacantes también podían demoler las murallas con arietes, catapultas o, desde el siglo XIV, con cañones. También podían intentar rebasar la muralla utilizando escaleras o torres móviles con un puente levadizo que podían apoyar en lo alto de la muralla.

El trabuquete se usó por vez primera en la Europa cristiana en el siglo XII. Funcionaba según el principio del contrapeso, por lo que tenía un brazo móvil de madera con un peso en un extremo y en el opuesto una honda con una piedra u otro proyectil. Cuando el peso bajaba, la honda subía disparando el proyectil hacia el castillo. Algunos trabuquetes tenían brazos de 18 m de largo y podían, como término medio, lanzar piedras de 45-90 kg a más de 300 m.

Cuerda para tirar

El trabuquete de tracción funcionaba igual que el de contrapeso, pero en vez de un fuerte peso el brazo se movía por un equipo de hombres que tiraba de cuerdas. Por ello era más pequeño y no podía lanzar grandes piedras, pero se cargaba más rápidamente. La cuerda era más corta y un hombre la sujetaba cuando el brazo comenzaba a subir, ¡pero tenía que acordarse de soltarla!

Los sitiadores atacan la fortaleza con escalas mientras los ballesteros y artilleros cubren el asalto. También usan un cañón para abrir brechas en la fábrica de piedra. En el siglo XV se usaron cada vez más cañones; algunos eran enormes, para aterrorizar a los defensores.

Un trabuquete se alza sobre un artillero y su pequeño cañón en esta miniatura del siglo XV.

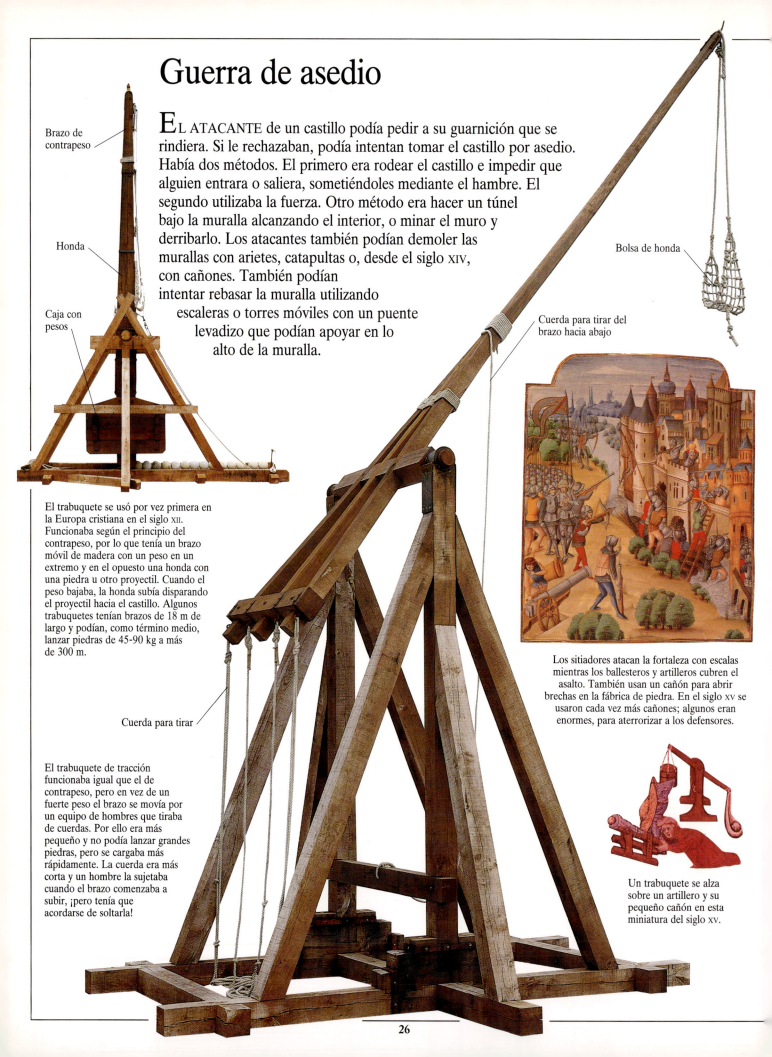

Punta romboidal del hierro — Astil moderno — Saeta de ballesta — Guías de madera

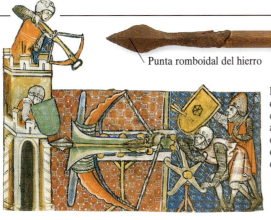

Los arcos de asedio eran grandes ballestas que disparaban saetas de mayor tamaño como la de la miniatura. La ballesta era en realidad un arma para utilizar contra las personas. Debió de ser empleada para cubrir las salidas, detener a los defensores que salían y combatir a los atacantes.

En esta ilustración de un asedio los atacantes usan una torre de madera móvil como puesto de vigilancia.

Esta ilustración del *Romance de Alexander*, del siglo XIV, muestra una ballesta de torno, que funcionaba mediante una soga enroscada para tensar la cuerda. El trabuquete tenía un gran mecanismo de torno para bajar su brazo.

Diseño para un puente de madera colgante, cubierto, que permitiera a los atacantes cruzar el foso a salvo. Se encuentra en un manuscrito lleno de ingeniosas ideas militares, muchas de las cuales probablemente ni se utilizaron.

Esta miniatura del siglo XV ilustra una rendición formal mediante la entrega de las llaves de la fortaleza a los sitiadores. Si una ciudad o un castillo eran tomados después de un asedio, a veces eran saqueados por los soldados porque sus ocupantes habían rehuido ceder a sus peticiones. En otras ocasiones podía hacerse una tregua para que la persona encargada del castillo pudiera enviar a su señor una petición de permiso para rendirse.

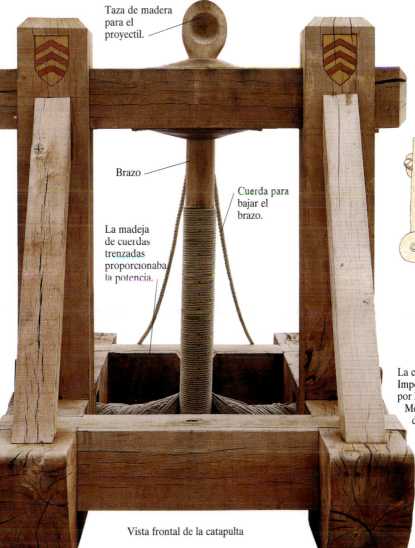

Taza de madera para el proyectil.

Brazo

Cuerda para bajar el brazo.

La madeja de cuerdas trenzadas proporcionaba la potencia.

Vista lateral de la catapulta

Catapulta en uso

Vista frontal de la catapulta

La catapulta fue usada en el Imperio Romano y heredada por los soldados de la Edad Media. Utilizaba la fuerza de tiro de una madeja de cuerdas trenzadas, tendones e incluso pelo, para forzar al brazo levantado contra una barra. Cuando se liberaba el brazo arrojaba los proyectiles desde una taza de madera.

27

Armándose para el combate

VESTIRSE CON LAS defensas corporales más antiguas era muy fácil. La malla se metía por la cabeza, mientras que la cota de placas (págs. 12-13) era fijada a la espalda, costado y hombros. La armadura era más complicada, pero un caballero podía ser armado por su escudero en pocos minutos y podía quitarse la armadura rápidamente si era necesario. Después de vestir el jubón de armar, el caballero siempre se armaba desde los pies hacia arriba, terminando con el yelmo. Desde el siglo XV algunas piezas de la armadura estaban enlazadas al jubón, pero en el siglo siguiente era más corriente fijarlas entre sí mediante correas o remaches. En estas fotografías un escudero arma a un caballero con una armadura de finales del siglo XV según el estilo «gótico» alemán.

1 Esta prenda acolchada tenía correas enceradas para fijar diferentes partes de la armadura. Por ello, la armadura no podía vestirse sin el jubón de armar. La malla del jubón cubre los vacíos dejados por las launas.

2 El escarpe y la greba, para el pie y la pierna, estaban seguidos por la rodillera que se fijaba al quijote. El extremo superior se ataba al torso.

3 La malla se asegura alrededor de la cintura para proteger la ingle, otra zona no cubierta totalmente por las launas. El uso de mallas flexibles hacía más fácil el inclinarse o sentarse.

4 El espaldar tiene un guardarrén para desviar los golpes de las nalgas y de las piernas. Una correa y una hebilla están remachadas en el borde inferior.

5 La coraza está compuesta por un peto y un espaldar unidos, sujetos por una correa en la cintura y enlazados por los hombros.

Hombrera o guardabrazo
Rodeleta
Brazal
Codal
Antebrazal o avambrazo

Guante de cuero dentro de la manopla.
Daga de pomo redondo.
Cinturón de la espada
Espada

7 Las manoplas están guarnecidas con un guante de cuero que permitía al caballero empuñar sus armas. El cinturón de su espada tenía correas para sostener la vaina en un ángulo adecuado. Una daga de pomo redondo cuelga en el lado derecho.

6 El brazal y el codal se ataban mediante lazos a través de un par de orificios en cada pieza. La hombrera y la rodeleta defendían el hombro y la axila del caballero.

Una miniatura excepcional datada hacia 1450 muestra a un caballero siendo armado para el combate a pie. En ella se ve el jubón de armar.

10 El caballero sostiene la maza, arma efectiva contra las armaduras. Ahora, armado de pies a cabeza, está preparado para montar en su caballo de guerra.

Barbote
Celada
Maza
Espuela de rueda

8 El barbote protege la mitad inferior de la cara cuando se lleva la celada descubierta, un tipo de yelmo especialmente popular en Alemania.

9 Las espuelas de rueda (págs. 20-21) se atan en el pie del caballero. La celada, guarnecida en el interior por comodidad y para amortiguar golpes, se fijaba con un barboquejo para impedir que fuera arrancada en el combate.

El enemigo

LOS CABALLEROS PRONTO SE encontraron plantando cara a una infantería capaz de vencerles. Los hacheros ingleses derribaron en Hastings, en 1066, a los caballeros normandos, mientras la infantería flamenca armada con porras vencía a los jinetes franceses en Courtrai en 1302. Formaciones de lanzas escocesas pararon las cargas de la caballería en Bannockburn en 1314, estrategia también adoptada por los suizos con sus picas. Diferentes tipos de arcos fueron muy efectivos contra los caballeros montados. Los arcos largos ingleses aniquilaban las cargas de los caballeros franceses en Crécy, en 1346, y desmontaban a los caballeros en Azincourt, en 1415. La mortal ballesta disparaba saetas cortas desde modelos cada vez más potentes. A principios del siglo XV, en Bohemia los husitas combatieron a los caballeros alemanes usando las primeras armas de fuego concentradas, disparadas desde carromatos que les protegían.

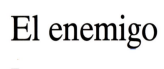

La infantería ligera podía usar hondas. Las piedras o balas de plomo eran mortales si golpeaban en la cara. Grupos de honderos podían obligar a los sitiados a mantener las cabezas bajas, pero, sin embargo, no podían dañar las armaduras. Las hondas se fijaban en ocasiones a un mango de madera para aumentar su potencia.

A los caballeros les desagradaba forzar a sus caballos a ir contra las lanzas. La infantería podía mantenerles a distancia mediante un «seto» de lanzas en formación cerrada, por lo que fue necesario que los arqueros intentaran romper las formaciones con sus proyectiles. Las picas eran más largas y eficientes.

El arco largo estaba hecho de madera de tejo y tenía la altura del arquero. Generalmente se guarnecía con empulgueras de hueso en los extremos para alojar la cuerda de cáñamo. Los arcos de guerra probablemente necesitaron una tensión de al menos 36 kg, algunos incluso debieron de ser más potentes.

Punta de flecha barbada.

Brazal de cuero

Madera de tejo

Empulgueras de hueso

Flechas clavadas verticalmente para cargar deprisa

Los arcos largos se utilizaron en muchos países europeos, pero en el continente la ballesta fue más popular. Los ingleses usaron un gran número de arcos, especialmente durante los siglos XIV y XV en la guerra de los Cien Años contra los franceses. Al tensar un arco largo la cuerda se llevaba entre la mejilla y la oreja. El brazal de cuero protegía los golpes accidentales al soltar la cuerda y unos dedales de cuero cubrían los dedos mientras se tensaba. Los arqueros vestían diferentes piezas de la armadura, o un simple jubón acolchado.

La fuerza requerida para tensar un arco largo obligaba a los arqueros a practicar constantemente para mantener su destreza y forma física. Esta pintura inglesa del siglo XIV representa un tiro al blanco colocado sobre un montículo de tierra.

Las guías de pluma hacían girar a la flecha para volar correctamente. Generalmente se usaba pluma de ganso para el enorme número de flechas que necesitaba un ejército. El astil solía ser de fresno. Las muescas alojan levemente la flecha en la cuerda.

Disparando hacia arriba las flechas de un arco largo alcanzaban probablemente unos 300 m de distancia, con lo cual podía lanzarse una espeluznante barrera de flechas sobre un avance enemigo. Los caballos eran especialmente vulnerables —algunas partes no se protegían— y se desbocaban al ser heridos.

La variedad en la forma de las puntas de flecha dependía de sus usos. Las barbadas se utilizaban contra animales o caballos de guerra y las que tenían cabezas piramidales más apuntadas contra defensas corporales o armaduras. Otros tipos servían para todo.

Los ingleses se impusieron a los arqueros galeses en el siglo XII, a quienes posteriormente emplearon en sus ejércitos. En esta tosca pintura el arco es representado demasiado pequeño. El pie desnudo debería dar un apoyo mejor.

Un arquero experto podía disparar 12 flechas por minuto. Un ballestero sólo podía disparar dos en el mismo tiempo, pero eran más penetrantes y no se necesitaba mucho entrenamiento. En esta miniatura de finales del siglo XV un ballestero utiliza un torno para tensar un potente arco de acero.

Cada arquero llevaba un haz de 24 flechas y cuando las disparaba traía más desde carros de suministro. Muchos arqueros las llevaban en el cinturón y no en el carcaj, que solía colgar de la cintura. A menudo clavaban las flechas en la tierra frente a ellos para poder disparar más rápidamente.

La batalla

LAS REGLAS DE LA CABALLERÍA dictaban que los caballeros debían mostrar cortesía al vencer al enemigo. No sólo era humano, también suponía rescates por prisioneros de alto rango. Este código no siempre era observado, especialmente por hombres desesperados afrontando la muerte. Por ejemplo, los arqueros ingleses, ayudados por caballeros, masacraron a la caballería francesa en las batallas de Crécy (1346), Poitiers (1356) y Azincourt (1415). A menudo los caballeros mostraban poca compasión con los soldados, arrollándolos despiadadamente en su huida. En una batalla se arriesgaba mucho y la derrota podía significar la pérdida de un ejército o de un trono. Por eso los comandantes preferían asolar el territorio enemigo. Ello suponía suministros extras, la destrucción de la propiedad y demostraba que el señor no podía proteger a su gente. Mantener a las tropas cerca de un ejército enemigo impedía los saqueos.

Muchos reyes medievales aparecían en sus sellos como cabezas de sus ejércitos, a caballo, completamente armados. A los nobles también les gustaba retratarse así. Arriba, Enrique I, rey de Inglaterra (1100-1135) y duque de Normandía, lleva cota de malla y yelmo cónico.

Aunque los caballeros se entrenaban como jinetes, no siempre iban a la batalla a caballo. En muchas ocasiones se creía más oportuno que una gran parte desmontara y formara un cuerpo sólido, ayudado por arqueros y grupos de caballeros. En esta miniatura de finales del siglo XIV, caballeros ingleses y franceses y hombres de armas, muchos de ellos llevando bacinetes (págs. 12-13), chocan en un puente. Les ayudan arqueros y ballesteros.

Estos objetos de aspecto horrible sólo miden pocos centímetros de altura. Reciben el nombre de abrojos. Son de hierro y se esparcían sobre la tierra antes de la batalla para lisiar a los hombres y caballos del ejército enemigo que los pisaban accidentalmente. Cayeran como cayeran, los abrojos siempre tenían una punta hacia arriba. También se esparcían delante de los castillos.

Una escena de batalla de mediados del siglo XIII muestra el momento en que un contingente huye y es perseguido. A menudo los perseguidores no dudaban en herir a un hombre por la espalda y una vez que caía le propinaban diversos cortes para asegurar que no se moviera. Romper filas para dar caza al enemigo a veces podía poner al ejército propio en peligro.

En el siglo XII las armaduras eran parecidas en muchas partes de Europa, pero los sistemas de combate podían variar. En vez de usar sus lanzas para golpear la parte alta del cuerpo del enemigo, o incluso arrojarlas, como sucedía en el siglo XI, los caballeros italianos de este relieve las llevan bajo sus brazos. Cada bando carga en formación cerrada esperando arrollar a sus oponentes.

Una punta siempre hacia arriba

Esta miniatura de finales del siglo XV muestra el choque entre dos fuerzas de caballería con armaduras completas y los efectos mortales de una lanza bien manejada. Los que caían en primera línea, aunque solo fueran levemente heridos, corrían el peligro de ser pisados por los caballos del enemigo o de los caballeros que venían detrás.

Cuando un ejército era derrotado, los vencedores capturaban el bagaje, que podía contener objetos valiosos especialmente si el caudillo era un príncipe. Las ciudades tomadas también proporcionaban ricas ganancias y los caballeros muertos o los prisioneros eran despojados de sus armas después de la batalla. En esta pintura italiana del siglo XIV los vencedores examinan el botín.

Talla alemana de principios del siglo XVI mostrando una carga disciplinada. Los caballeros espolcaban a los caballos al galope cuando estaban cerca del enemigo. La primera línea tomaba contacto mientras la siguiente continuaba con las lanzas levantadas, que bajaban antes de encontrarse con sus adversarios.

Tres puntas permanecen en el suelo

El castillo en la paz

EL CASTILLO NO SÓLO albergaba una guarnición, era la casa del señor y de su corte. El edificio más importante era la gran sala, donde todos comían y se hacían las ocupaciones diarias. A veces también había habitaciones privadas para el señor, además de la cocina (generalmente separada por el riesgo de incendio), una capilla, el taller del armero, una fragua, establo, perreras, corrales y almacenes para tener el castillo bien abastecido. El suministro de agua era vital, se prefería pozo que pudiera usarse en caso de asedio. Los muros exteriores debían estar enjalbegados para protegerlos de la intemperie, mientras los interiores se enlucían y pintaban en atractivos colores. Los castillos eran agradables lugares de descanso para los nobles que viajaban. Cuando se les esperaba, las habitaciones se preparaban y los suelos podían cubrirse con paja fresca, juncos o hierbas aromáticas.

Los músicos eran bienvenidos como entretenimiento o acompañamiento en las comidas. Lo bailes implicaban a mucha gente que a menudo se cogía de las manos para danzar en círculo.

Escudo

Sólo los ricos podían adquirir velas de cera para consumir en candelabros como este ejemplar francés del siglo XVI, en cobre dorado. El escudo de la familia Castelnau La Loubere aparece inscrito en el collar de la Orden de San Miguel.

Jarrita de plata que se guardaba en la capilla para el agua bendita o el vino de la misa. Ésta fue hecha en Borgoña a finales del siglo XIV.

En las comidas, la corte se reunía en el gran salón. En este manuscrito datado hacia 1316, Lancelot entretiene al rey Arturo contándole sus aventuras.

Esmalte de Limoges

Candelabro con una larga aguja para sostener la vela. Este ejemplar, datado hacia 1230, probablemente se usó en la capilla.

El rey Francisco I de Francia juega al ajedrez con Margarita de Angulema en esta pintura fechada hacia 1504. Al ser un juego de guerra el ajedrez era popular entre los caballeros. Sus piezas podían ser de hueso o marfil bellamente tallados.

En los gruesos muros de los castillos podían construirse grandes chimeneas. La mujer está hilando hebras de lana (págs. 38-39).

Vaina pintada y trabajada

Parejas de jofainas como ésta se usaban para lavarse las manos en la mesa. Un sirviente vertía agua sobre las manos de la persona de una jofaina a otra y luego las secaba con una toalla. A veces se utilizaba también una jarra. Esta jofaina está decorada con esmalte de Limoges.

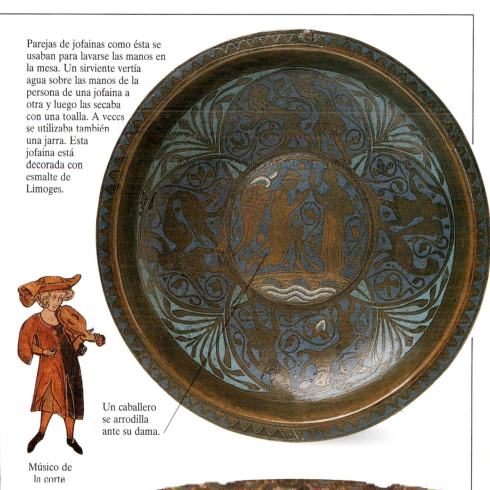

Un caballero se arrodilla ante su dama.

Músico de la corte

Parejas de cuchillos de hoja ancha, como estos alemanes del siglo XV, se usaban para servir la comida. Cada empuñadura está guarnecida con latón y en los puños tienen paneles de caoba con placas de cuerno de ciervo. Las hojas tienen una esvástica. La vaina de cuero ha perdido el brocal.

La gente rica debió de usar bacines como éste para sus necesidades. Los castillos a menudo tenían retretes construidos en los muros, consistentes en un asiento con una trampilla que se abría directamente hacia el exterior.

Los juegos de mesa ayudaban a pasar las largas tardes. Aquí un joven caballero del siglo XIV juega con una dama a las damas. El backgammon también era popular.

Pesa de romana

Este peso de romana de finales del siglo XIII colgaba de un brazo móvil de metal para calcular el peso de un objeto situado en el extremo opuesto. La pesa de la derecha tiene las armas reales inglesas posteriores a 1405.

Armas reales

El señor

ALGUNOS CABALLEROS se hicieron mercenarios que luchaban sólo por dinero. Otros, sobre todo desde el siglo XIII, vivían a expensas del señor como tropas cortesanas en su castillo, pero a otros el señor les daba tierras. En Inglaterra estos últimos tuvieron sus señoríos y vivieron de su producto. Vivían en una casa señorial, a menudo de piedra y con sus propias defensas, tenían gran parte del señorío como granja de la casa y «sus» campesinos, trabajadores de diversas categorías, le debían servicios en pago por sus casas. Tenían que cocer su pan en su horno y pagar por este privilegio. El señor recibía parte de sus bienes, pero también debía invitarles a fiestas y festivales, como los realizados por la bendición del primer pan de la temporada. El señor administraba justicia y debía tener una casa en la ciudad para sus relaciones de negocios.

Stokesay es una casa señorial fortificada en Shropshire, Inglaterra. Tiene una sala y un cuerpo de habitaciones con una torre en cada extremo. Construido en su mayor parte en el siglo XIII, se le añadió media galería de madera en el XVII.

Matriz original

Muchos nobles no sabían leer ni escribir. En vez de firmar un documento añadían un sello de cera impreso a partir de una matriz de metal. Ésta es la matriz de plata, con un vaciado moderno, del sello de Robert FitzWalter, uno de los líderes de los barones ingleses rebeldes que obligaron a Juan sin Tierra a firmar la Carta Magna en 1215.

Vaciado moderno

Nombre de Robert FitzWalter, propietario del sello.

Esta acaudalada pareja italiana del siglo XIV pasa el tiempo con un juego de damas, si no, el entretenimiento del caballero se limitaba a los vecinos o a los actores, músicos o poetas ambulantes.

Ajedrez escandinavo de mediados del siglo XII hallado en la isla de Lewis, Escocia, tallado en marfil de foca.

Reina

Rey

Obispo

Caballero

Vigilante (torre)

El campesino medieval pasaba una vida de duro trabajo en los campos, cultivando y recogiendo la cosecha. El Psalterio Lutrell, del siglo XIV, muestra a campesinos intentando subir un carro de heno por una empinada cuesta.

El rango de un señor variaba según el tamaño de su señorío. Algunos eran hombres poderosos con varios dominios que visitaban siempre que fuera necesario. Un alguacil cuidaba de la marcha de sus posesiones cuando el señor estaba fuera. Debía viajar a las ciudades donde estaban los mercaderes y donde los señores necesitados de dinero podían pedirlo a un prestamista.

Una de las casas de este señorío del siglo XV está hecha de una estructura de madera enjalbegada, rellena de zarzo, barro o arcilla. Cerca hay una huerta con frutales.

Detalles del frontal de un altar fechado hacia 1500, representando a un caballero rezando con sus siete hijos. Las familias numerosas eran corrientes. Los mayores podían seguir a su padre y hacerse caballeros (págs. 10-11), las hijas podrían casarse con un noble (págs. 38-39) y los hijos o hijas más jóvenes solían ser dedicados a la Iglesia.

Esta arqueta perteneció a una familia de principios del siglo XV. Está hecha de madera recubierta por paneles de hueso tallados con escenas bíblicas de la historia de Susana y los Ancianos.

37

Las damas

EN LA EDAD MEDIA la mujer, incluso la de rango noble, tenía muchos menos derechos que en la actualidad. Las mujeres jóvenes solían casarse a los catorce años. La familia de una joven podía arreglar su matrimonio y se le daba una dote como regalo para su marido. Con el matrimonio, la herencia pasaba al marido, así que los caballeros a menudo estaban a la expectativa de una rica herencia para casarse. Las damas eran, sin embargo, iguales al marido en la vida privada, podían proporcionarle un gran apoyo y asumir responsabilidades en el castillo cuando estaba fuera, incluso debía defenderlo si era sitiado y mantenerlo contra sus enemigos.

La dama gobernaba las áreas domésticas —las cocinas y habitaciones— del castillo o de la corte. Tenía oficiales para la marcha de los asuntos domésticos, pero debía comprobar las cuentas y autorizar los gastos. Era su deber recibir cortésmente a los invitados y ordenar su alojamiento. Tenía señoritas de compañía, doncellas y niñeras que cuidaban de sus hijos. Los niños eran muy importantes porque el principal papel de las damas en la sociedad medieval era proporcionar herederos.

El ideal del amor cortés se muestra en esta ilustración del poema medieval *El romance de la Rosa*. Las mujeres pasan el tiempo agradablemente, escuchando una canción mientras una fuente vierte agua en un estanque ornamental. En realidad, muchas mujeres no tenían tiempo para tales actividades.

Este broche de oro y esmalte se conoce como el Cisne Dunstable y data de principios del siglo XV. El cisne era usado como divisa por la casa de Lancaster (una de las familias inglesas más importantes), particularmente por el príncipe de Gales. Las mujeres nobles debían llevar estas divisas para mostrar su lealtad.

Las damas podían estar muy bien educadas. Algunas leían y escribían, conocían el latín y hablaban lenguas extranjeras. En esta miniatura de 1460 unas damas cultas representan a la Filosofía y a las Artes Liberales.

Un caballero hacia el 1200 pone sus manos entre las de su dama en un acto de homenaje como el realizado hacia su señor. En este caso, indica que será el servidor de su dama, un ideal del amor cortés que no se llevaba a la práctica.

Una dama se desmaya al recibir noticias de la muerte de su marido. Aunque los matrimonios se arreglaban entre sus familias, marido y mujer podían llegar a sentir afecto el uno por el otro, o incluso llegar a quererse.

Se suponía que las mujeres debían saber cómo hilar la lana. Algunos hombres pensaban que enseñarlas a leer era peligroso. En esta miniatura de principios del siglo XV una mujer hila mientras otras cardan la lana.

Broche flamenco de oro.

A las mujeres les gustaba mostrar su rango llevando anillos y broches. El broche de arriba es probablemente flamenco, del siglo XV, y tiene una figura femenina entre sus piedras preciosas. Este broche inglés de finales del XV está decorado con monstruos retorcidos.

Broche inglés de oro

Pomo

Arzón

Silla alemana datada hacia 1440-1480, construida en madera recubierta con placas de asta de ciervo talladas representando varias veces un hombre y una mujer. Incisiones con cera proporcionan el color. El diálogo entre las figuras está escrito en una filacteria. Hablan sobre su amor y la guerra.

Las mujeres nobles eran a menudo activas cazadoras. Este medallón de 1477 representa a la reina María de Borgoña llevando su halcón en el puño y montando de lado, método que solucionaba la dificultad de montar a caballo con un vestido largo. La montura lleva una gualdrapa.

Placas talladas

El ideal de la caballería

AUNQUE LOS CABALLEROS eran hombres de guerra, se comportaban tradicionalmente de manera cortés y civilizada cuando trataban con sus enemigos. En el siglo XII este tipo de comportamiento dio lugar a un código de conducta caballeresco, con especial énfasis en las maneras corteses hacia las mujeres. Los poemas de amor cortés recitados por los trovadores en el sur de Francia se basaban en ese código y los relatos de romances, que se hicieron populares en el siglo XIII, mostraban las maneras en que un guerrero debía comportarse. A la Iglesia le gustó la idea de fomentar normas de conducta elevadas, e hizo de la ceremonia de investidura una ocasión religiosa, con una vigilia en la iglesia y un baño purificador (págs. 10-11). Aparecieron también libros de caballerías, pero en realidad los caballeros encontraron difícil vivir según esos ideales.

San Jorge fue un soldado martirizado por los romanos hacia el año 350 d. C. Durante la Edad Media aparecieron historias contando cómo rescató a la hija de un rey prisionera de un dragón. Es un santo vinculado especialmente con Inglaterra. Este marfil tallado muestra a San Jorge con las defensas de un castillo como fondo.

Este escudo de parada del siglo XV representa a un caballero descubierto arrodillándose ante su dama. En la filateria dice: *Tú o la muerte*, que aparece representada como un esqueleto.

Los medallones podían hacerse para señalar ocasiones especiales como las bodas. Éste conmemora el matrimonio de Margarita de Austria y el duque de Saboya en 1502. Los nudos del fondo son la divisa de Saboya y se refieren también a cómo el amor de la pareja unirá a las dos familias.

Esta escena, del siglo XV, perteneciente al *Libro del Corazón de Amor suspirando*, del francés René de Anjou, ilustra el extraño mundo del romance medieval en el que la gente puede representar objetos o sentimientos. Aquí el caballero, llamado Corazón, lee una inscripción mientras su compañero, Deseo, duerme.

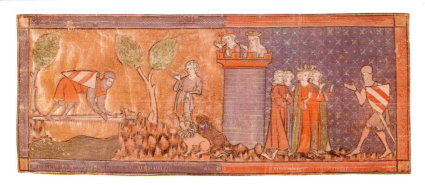

El rey Arturo fue probablemente un guerrero del siglo V, pero las leyendas sobre el rey y los caballeros de la tabla redonda ganaron popularidad en la Europa del siglo XIII. Cuentan las luchas de Arturo contra el demonio y los amores entre su reina, Ginebra, y sir Lancelot, que con el tiempo llevaron a la destrucción de su corte. En esta escena Lancelot cruza un puente hecho con la espada para rescatar a Ginebra.

Los caballeros montaban a caballo y se consideraba una deshonra para ellos el viajar en carro. Esta miniatura muestra un episodio de la historia de sir Lancelot. Éste era famoso por su valor y destreza en el combate, pero su asunto amoroso con la reina Ginebra le deshonró. En este episodio Lancelot se encuentra con un enano que le ofrece decirle dónde está Ginebra si sube al carro.

Sir Edward Dymoke fue el campeón de la reina Isabel I de Inglaterra. En el banquete de coronación en Westminster, su deber era aparecer totalmente armado en el vestíbulo y arrojar su manopla al suelo para desafiar a cualquiera que pusiera en duda el derecho de la reina para gobernar. Tal desafío se hizo en cada coronación inglesa hasta la de Jorge IV en 1821.

Cerradura

Refuerzos en las esquinas

Las placas talladas de esta arqueta de marfil del siglo XII representan episodios de la historia de Tristán e Isolda. Es el relato del caballero Tristán, que bebió accidentalmente una pócima de amor y se enamoró de Isolda, la novia de su tío, el rey Mark.

El torneo

LOS GUERREROS SIEMPRE SE ENTRENARON para la batalla. El torneo surgió probablemente en el siglo XI como un ejercicio para la guerra. Dos equipos de caballeros luchaban en una batalla simulada, llamada torneo, sobre una extensa área o campo, ayudados en ocasiones por peones. Los caballeros vencidos entregaban sus armas y armaduras al vencedor, por lo que un buen luchador podía hacer fortuna. Al principio se utilizaban armaduras de guerra y armas afiladas, pero en el siglo XIII se introdujeron armas embotadas. También surgieron otros tipos de lides, como la justa, ecuestre (págs. 44-45) y el combate de pie (págs. 46-47). En el paso de armas, popular en el siglo XV, uno o más contendientes mantenían el campo del torneo enviando desafíos a otros caballeros y escuderos. En el siglo XVII, el torneo fue suplantado en la mayoría de los países por exhibiciones ecuestres llamadas carruseles.

Cresta sogueada

A principios del siglo XVI se puso de moda llevar en los torneos vistas de parada, de tipo máscara, que se fijaban como las normales (págs. 14-15). Ésta representa la cabeza de un águila con el plumaje grabado en el metal.

Pico del águila

Orificios de ventilación

La colorida composición de las banderas en el torneo era ideal para mostrar los escudos de armas y todo tipo de diseños fantásticos. Los caballeros también llevaron grandes crestas, incluso cuando ya no se llevaban en batalla.

Demonio

Aunque los torneos eran populares entre los caballeros y a mucha gente le gustaba verlos, la Iglesia los desaprobaba porque a menudo se derramaba mucha sangre. En esta escena de principios del siglo XIII, el demonio espera apoderarse de las almas de los caballeros muertos en el torneo.

Las mujeres contemplaban las banderas y los encrestados yelmos de los contendientes antes del torneo. Si una dama pensaba que un caballero se había comportado mal, su yelmo era bajado y él expulsado. Esta miniatura del siglo XV es del libro de torneos de René de Anjou.

En este tipo de torneo dos equipos usaban espadas embotadas y mazas para intentar quitarles a sus adversarios las crestas de los yelmos, que estaban guarnecidos con vistas de rejilla. Cada caballero tiene un portaestandarte, mientras los criados están antentos por sí son derribados. Un caballero de honor monta entre dos cuerdas que separan a los equipos, mientras las damas y los jueces están en los palcos. El artista de esta miniatura ha comprimido la escena para mostrarlo todo.

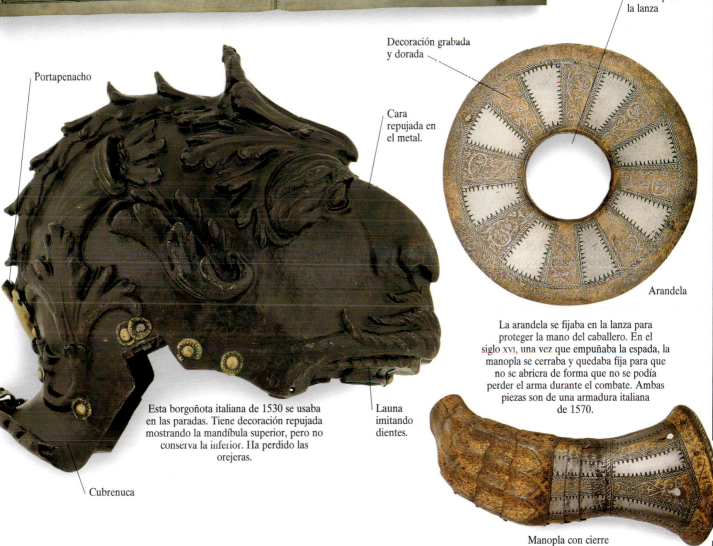

Portapenacho

Decoración grabada y dorada

Orificio para la lanza

Cara repujada en el metal.

Arandela

Esta borgoñota italiana de 1530 se usaba en las paradas. Tiene decoración repujada mostrando la mandíbula superior, pero no conserva la inferior. Ha perdido las orejeras.

Launa imitando dientes.

Cubrenuca

La arandela se fijaba en la lanza para proteger la mano del caballero. En el siglo XVI, una vez que empuñaba la espada, la manopla se cerraba y quedaba fija para que no se abriera de forma que no se podía perder el arma durante el combate. Ambas piezas son de una armadura italiana de 1570.

Manopla con cierre

La justa

DURANTE EL SIGLO XIII un nuevo elemento dramático se añadió a los torneos: la justa, en la que los caballeros luchaban uno contra uno. En ella el caballero podía mostrar su destreza sin otros adversarios cruzándose en su camino. Generalmente se luchaba a caballo con lanzas, y en ocasiones se continuaba con la espada. Dos caballeros podían cargar uno contra otro a toda velocidad y tratar de desarzonarse de un solo golpe de lanza, o bien sumar puntos si se rompía la lanza contra el escudo del adversario. A veces se usaban lanzas afiladas en las llamadas «justas de guerra», que podían matar a un caballero. Por eso muchos justadores preferían usar lanzas embotadas o con puntas en forma de pequeña corona para dispersar el golpe. Éstas eran conocidas como «justas de paz». Las justas hicieron evolucionar armaduras especiales para incrementar la protección. En el siglo XV se introdujo una barrera, para separar a los caballeros y evitar colisiones.

Este yelmo del siglo XV para la justa de paz se fijaba en el pecho y en la espalda. El usuario sólo podía ver a su oponente inclinándose hacia adelante durante la carga. En el momento del impacto se erguía, de manera que el borde inferior protegía sus ojos de la punta de la lanza y evitaba los fragmentos del asta.

Escotadura para sujetar la lanza.

Esta tarja de madera del siglo XV, probablemente para la Rennen, está cubierta de cuero. La lanza podía apoyarse en la escotadura. La tarja se fijaba al peto mediante una pieza cilíndrica enganchada al dorso.

En los países germánicos los caballeros practicaban una versión de la justa de guerra llamada «Rennen». Como no se usaba barrera las piernas estaban parcialmente protegidas por blindajes metálicos. Las coronas podían convertirse en trofeos para los que les vencieran.

Las lanzas eran de madera y en el siglo XVI solían ser estriadas para romperlas fácilmente. Esta lanza del siglo XVII era levemente más delgada que las de justa y se usaba para coger un pequeño anillo que colgaba de una cuerda tendida.

Los caballeros desfilaban junto a la barrera antes de la justa. Esta escena de las *Crónicas* de Froissart fue pintada a finales del siglo XV, pero representa las justas de San Inglevert, que tuvo lugar en 1390 antes de la introducción de la barrera. Sirvientes con lanzas de repuesto acompañan a los justadores.

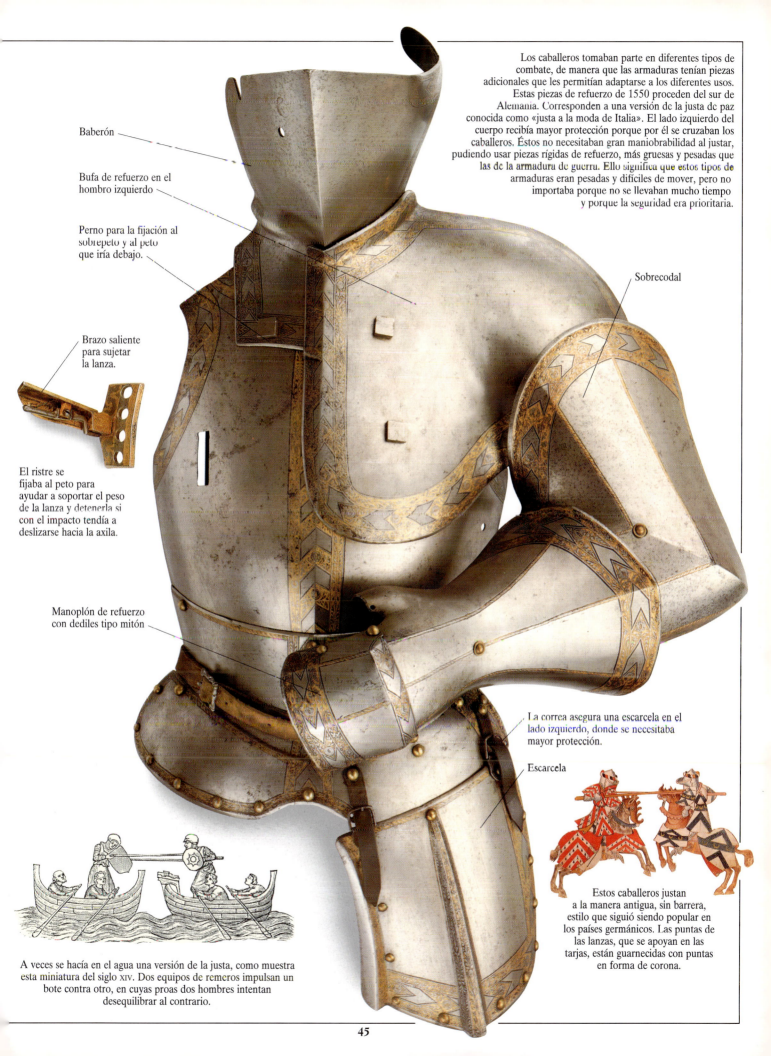

Baberón

Bufa de refuerzo en el hombro izquierdo

Perno para la fijación al sobrepeto y al peto que iría debajo.

Brazo saliente para sujetar la lanza.

El ristre se fijaba al peto para ayudar a soportar el peso de la lanza y detenerla si con el impacto tendía a deslizarse hacia la axila.

Manoplón de refuerzo con dediles tipo mitón

Sobrecodal

La correa asegura una escarcela en el lado izquierdo, donde se necesitaba mayor protección.

Escarcela

Los caballeros tomaban parte en diferentes tipos de combate, de manera que las armaduras tenían piezas adicionales que les permitían adaptarse a los diferentes usos. Estas piezas de refuerzo de 1550 proceden del sur de Alemania. Corresponden a una versión de la justa de paz conocida como «justa a la moda de Italia». El lado izquierdo del cuerpo recibía mayor protección porque por él se cruzaban los caballeros. Éstos no necesitaban gran maniobrabilidad al justar, pudiendo usar piezas rígidas de refuerzo, más gruesas y pesadas que las de la armadura de guerra. Ello significa que estos tipos de armaduras eran pesadas y difíciles de mover, pero no importaba porque no se llevaban mucho tiempo y porque la seguridad era prioritaria.

A veces se hacía en el agua una versión de la justa, como muestra esta miniatura del siglo XIV. Dos equipos de remeros impulsan un bote contra otro, en cuyas proas dos hombres intentan desequilibrar al contrario.

Estos caballeros justan a la manera antigua, sin barrera, estilo que siguió siendo popular en los países germánicos. Las puntas de las lanzas, que se apoyan en las tarjas, están guarnecidas con puntas en forma de corona.

Combate a pie

EN ALGUNAS JUSTAS DEL SIGLO XIII los caballeros desmontaban después de usar sus lanzas y continuaban luchando con espadas. En el siglo XIV tales combates a pie fueron populares por sí mismos. A cada contendiente se le permitía un número establecido de golpes, asestados alternativamente, mientras hombres de armas estaban dispuestos a separarles si se excitaban demasiado. Por fuentes del siglo XV sabemos que primero podía arrojarse una jabalina y después se continuaba con la espada, hacha o arma de asta. Más tarde los combatientes fueron sustituidos por contiendas entre dos equipos que luchaban separados por una barrera. Se le llamaba torneo de a pie, porque al igual que el ecuestre (págs. 42-43) se intentaba romper la lanza contra el oponente antes de luchar con espadas embotadas.

Detalle de un tapiz flamenco del siglo XVI. Representa a dos contendientes que esperan para tomar parte en un combate a pie de barrera. Un paje sostiene la celada de un caballero.

En el siglo XV los combates a pie tenían lugar sin barrera, por lo que los contendientes protegían sus piernas con armaduras. El yelmo más común para estos combates era el gran bacinete (págs. 12-13), que a mediados de siglo estaba anticuado para la guerra.

Tornillo roscado a mano.

Esta launa se atornillaba a la vista de la celada de la derecha. Proporcionaba mayor protección al lado izquierdo de la cabeza.

Vista

Cortes de espada

Barbote

Orificios para atar los cordones que sostenían el yelmo a la cabeza.

Celada para el torneo de a pie. Está tan ricamente dorada que soprende que se utilizara en un combate, pero los cortes de espada así parecen indicarlo. Formó parte de un deslumbrante arnés dorado forjado en 1555.

Orificios para la audición.

Vista

Ventalle

Ranura de visión

Clavija para levantar

Horquilla giratoria para mantener subido el ventalle.

Dos tornillos permitían quitar la vista de la celada de la izquierda y sustituirla por ésta, que tenía orificios de ventilación. Podía usarse para la batalla o el combate de a pie.

En este tipo de celada las carrilleras del barbote giran hacia fuera, en vez de levantarse hacia arriba como en la celada dorada de la derecha. Este ejemplar alemán datado hacia 1535 tiene una vista que encaja en el borde del ventalle, donde se sostiene por un pestillo de muelle. El ventalle se fija en el barbote de la misma manera.

No todas las contiendas de a pie eran por deporte. A veces una acusación de asesinato o traición era resuelta por un combate, en el que se suponía que Dios ayudaba al inocente. La contienda continuaba hasta que uno moría o se rendía, en cuyo caso se le ejecutaba.

Esta arma fue muy popular en la batalla y en el combate de a pie. Se usaba para golpear la cabeza del adversario. La cabeza de martillo en el dorso podía aturdir a un hombre con armadura. Las largas lengüetas de este ejemplar de 1470 ayudaban a fijarla firmemente y evitaban que el astil fuera cortado en combate.

Esta armadura alemana de 1580 forma parte de un arnés o conjunto de piezas. Algunos grandes arneses podían estar compuestos por diferentes armaduras. La superficie estaba originalmente pavonada, pero se aprecia el grabado y dorado, con motivos perfilados en negro. La vista y el ventalle se cierran con un perno, que evita su apertura accidental si es golpeado, rasgo de seguridad de algunas celadas para el combate de a pie. No se llevaba armadura en las piernas porque el combate tenía lugar con una barrera en medio y los golpes por debajo de la cintura estaban prohibidos.

Launa para desviar los golpes laterales

Hombrera

Lengüeta

La arandela protege la mano.

Manopla

Este tosco dibujo de finales del siglo XVI muestra dos caballeros combatiendo a pie en la barrera.

De oro, un palo de gules

En azur, faja almenada de oro

De sable, una cruz ondada de oro

Losanges de plata en campo de gules

De sinople, un creciente de oro

De azur, una flor de lis de oro

De gules, una espuela de plata

La heráldica

LOS HOMBRES SIEMPRE han decorado sus escudos. En el siglo XII los dibujos se hicieron cada vez más corrientes en un sistema conocido como heráldica, que permitían al caballero ser identificado por los símbolos de su escudo. Se dice a menudo que surgió porque los yelmos con protecciones faciales hacían difícil reconocerle, pero una razón más probable fue la necesidad de conocer a los contendientes en los torneos. La heráldica estaba basada en normas estrictas. El caballero sólo podía usar un escudo de armas, que pasaba al hijo mayor cuando moría. Los otros hijos usaban variantes de las armas paternas. Las armas usaron una serie de colores patrones y «metales» (plata u oro). Fueron descritas en un lenguaje especial basado en el francés antiguo.

Insignia de cobre llevada por un sirviente de François de Lorraine, Prior Hospitalario de Francia desde 1549 a 1563, cuyas armas lleva. Los criados de un señor a menudo llevaban su insignia.

La flor de lis, emblema heráldico de Francia, se usó para decorar esta larga túnica, pero las verdaderas normas prohíben el oro sobre el blanco o plata. El forro de piel del manto también estaba acomodado para fines heráldicos.

Los heraldos hacían listas para guardar un registro de los participantes en eventos militares como torneos y batallas. El Rollo Carlisle contiene 277 escudos de la comitiva de Eduardo III en su visita a Carlisle, Inglaterra, en 1334.

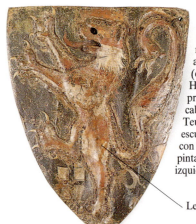
Escudo del siglo XIII construido en madera, con un león rampante moldeado en cuero, armas del landgrave (conde-gobernador) de Hesse en Alemania. Es presentado como un caballero de la Orden Teutónica, según indica el escudo en campo de plata con una cruz de sable, pintado en el extremo inferior izquierdo.

León rampante

Los escudos se ponían en todo tipo de objetos, bien para indicar su propietario o como decoración. Este tarro datado hacia 1500 tiene las armas cuarteladas en cruz de dos familias unidas por matrimonio.

Escudo de Cosme de Médicis.

Esta espada corta italiana, llamada falchion, data de mediados del siglo XVI. Está grabada con las armas de Cosme de Médicis, duque de Florencia, circundadas por el Toisón de Oro, una de las más importante órdenes de caballería.

Pomo de bronce dorado y cincelado en forma de cabeza de león.

En esta miniatura del siglo XV los escudos de los caballeros cuelgan de las bordas de los barcos. Banderas llenas de color llevan las armas de sus propietarios y eran un punto de reunión en batalla, al igual que los grandes estandartes que llevaban las divisas del señor y otros emblemas. Aquí las armas reales francesas aparecen en las banderas de las trompetas.

El campo de esta gran sortija de sellar, de oro, está grabado con las armas de la familia Grailly. Sobre ellas se lee «EID Gre», que probablemente significa: «Éste es el sello de Jean de Grailly». Cuando se apretaba sobre cera caliente para sellar un documento aparecía el escudo en su posición correcta. Siglo XIV.

El sepulcro de sir Thomas Blenerhasset (muerto en 1531) muestra su escudo en su cota de armas. En esta época ya se vestía el tabardo, usado también por los heraldos.

Los reinos de Castilla y León tienen como nombres las figuras de sus armas. El escudo del reino castellano-leonés es el escudo cuartelado más antiguo, documentado en 1272. En este plato español datado hacia 1425 se han ignorado los colores heráldicos, mientras que el fondo tiene dibujos influenciados por el arte musulmán español.

De gules, un león rampante, de oro

De oro, un león sentado de púrpura

De gules, un cisne de plata

De azur, un delfín nadando de plata

De oro, un dragón rampante de sinople

De oro, un rastrillo de púrpura.

CLAVES DE ESMALTES

Oro: Amarillo
Plata: Blanco
Gules: Rojo
Azur: Azul
Sable: Negro
Sinople: Verde
Púrpura: Morado

De azur, un sol en esplendor de oro

Caza y cetrería

A LOS REYES Y SEÑORES MEDIEVALES les apasionaban la caza y la cetrería. Este deporte proporcionaba carne fresca, así como ayuda para entrenar a los caballeros para la guerra, permitiéndoles mostrar su coraje cuando hacían frente a peligrosos animales como el jabalí. En Inglaterra los reyes normandos reservaban grandes áreas de bosque para cazar y había severas penas para los furtivos o cualquiera que rompiera las leyes del bosque. Se cazaban ciervos, jabalíes, aves y conejos. Los caballeros solían cazar a caballo porque era emocionante y una práctica útil para la guerra. Los ojeadores conducían las presas hacia los cazadores que esperaban en los puestos. También usaron arcos y ballestas con los que adquirían experiencia. La cetrería fue muy popular y se pagaba bien por las buenas aves. Un manuscrito del siglo XV da una lista de halcones y muestra que sólo los miembros más importantes de la sociedad podían tener las mejores aves.

El señuelo era un pájaro de mentira que el halconero movía con una larga cuerda. El halcón atacaría al señuelo, de forma que el halconero recobraba su ave. El señuelo también se utilizaba para enseñarle a saltar y a volver con la presa.

Fieles para que ruede la gafa al montar el arma.

Detalle de la talla en el lateral de la rabera. Representa la caza del venado, permitida sólo a los poderosos.

Cureña de madera con placas de cuerno de venado, talladas.

Guías de madera

Saetas alemanas de 1470, con guías de madera en vez de las plumas vistas en las flechas.

La hoja de esta espada de caza alemana de 1540 está grabada con escenas de la caza del venado. Estas espadas se llevaban cuando se cazaba y también como protección general.

Cuando se cazaban lobos, los cazadores colgaban piezas de carne de un matorral, pero antes la arrastraban por los caminos para dejar un rastro. Vigías apostados en árboles avisaban de la proximidad del lobo y los mastines lo acosaban hacia los cazadores. Esta caza aparece representada en un libro de caza de finales del siglo XIV de Gaston Phoebus, conde de Foix.

Al emperador alemán Francisco II le gustaba tanto la cetrería que a mediados del siglo XIII escribió un libro sobre la materia, de donde procede esta ilustración. Algunos señores tenían los halcones en sus habitaciones privadas.

Ciervos llevados a las redes

Perros cazando ciervos

Cuerno de caza

Hombre disparando a una ardilla

Halconero

Placa de plata flamenca o alemana, datada hacia 1600, representando la caza con lebreles, halcones y armas de fuego. Un lebrel coge su presa frente a tres damas que observan con interés desde el carro.

La ballesta era una popular arma de caza. Podía ser usada a caballo y fácilmente cargada usando un mecanismo llamado «pata de cabra», o bien otro de poleas llamado torno o armatoste. Al estar la cuerda tensada y sujeta en la nuez hasta apretar la llave o gatillo, la ballesta estaba lista si un ciervo saltaba. Las ballestas de caza podían estar profusamente decoradas. Este ejemplar de 1450-1470 tiene las armas del propietario pintadas en la cureña y placas talladas con escenas venatorias.

Cuerda original trenzada.

La nuez gira al apretar la llave o gatillo.

Punta piramidal

Los perros de caza necesitaban cuidados especiales. Gaston Phoebus recomendaba el uso de hierbas medicinales para curar la sarna, males de ojos, oídos y garganta, incluso la rabia. Las zarpas inflamadas a causa de herida o espinas requerían cuidados. Los hombros dislocados eran tratados por ensalmadores y las patas rotas se ponían en un arnés.

La lanza para jabalíes era un arma robusta para parar la arremetida de un jabalí o de un oso. Tiene una barra transversal para evitar que la hoja penetre demasiado en el animal.

Los colmillos del agresivo jabalí son muy peligrosos

Las damas también podían ser intrépidas cazadoras. En esta ilustración de 1340 una dama hace sonar el cuerno de caza mientras galopa tras los perros.

51

Fe y peregrinación

LA IGLESIA JUGÓ UN PAPEL MUY importante en la vida de la Edad Media. Europa Occidental fue católica hasta el asentamiento en algunos países del protestantismo durante el siglo XVI. La mayoría de la gente tenía creencias arraigadas y las iglesias prosperaron, tomando un 10 por 100 de los bienes en una especie de impuesto llamado diezmo. Los monasterios fueron fundados a veces por acaudalados señores, en parte para lavar sus pecados. Algunos señores se hicieron monjes después de una vida violenta con la esperanza de facilitar su entrada en el cielo. Para conseguir ayuda de los santos, los cristianos podían peregrinar a sepulcros bien conocidos, como el de san Pedro en Roma, o el de Santiago en Compostela. Las reliquias, muchas de ellas falsas, se llevaban como protección.

Este medallón muestra a Carlos, duque de Borgoña, que poseyó el cuerno de san Huberto a finales del siglo XV.

Recipiente para agua bendita.

La gente llevaba pequeños recipientes con agua bendita llamados *ampullae* para protegerse del demonio. Éste tiene la imagen de santo Tomás Becket, asesinado en Canterbury en 1170, y debió ser comprado tras el peregrinaje a su tumba.

Divisa de peregrino en plomo. Muestra a santa Catalina martirizada en la rueda.

Los santos jugaban un papel fundamental en la vida de la gente. Esta vidriera holandesa muestra un caballero de la familia Bernericourt rezando a la estatua de María Magdalena.

El cáliz contenía el vino consagrado durante la misa. Este ejemplar, hecho en España o Italia a principios del siglo XVI, está ricamente decorado mostrando la riqueza e importancia de la Iglesia. Tiene seis medallones representando a Jesucristo y algunos santos, incluyendo a Santiago de Compostela. Los peregrinos a su tumba llevaban como divisa una venera.

Cabezas de santos

Sello de plomo representando a la Virgen María y al Niño Jesús.

La gente podía llevar insignias para demostrar que había peregrinado. Una sencilla cruz de plomo muestra la importancia de este símbolo, incluso la empuñadura de la espada podía ser usada como tal. Otros temas populares fueron Cristo, la Virgen María y los santos.

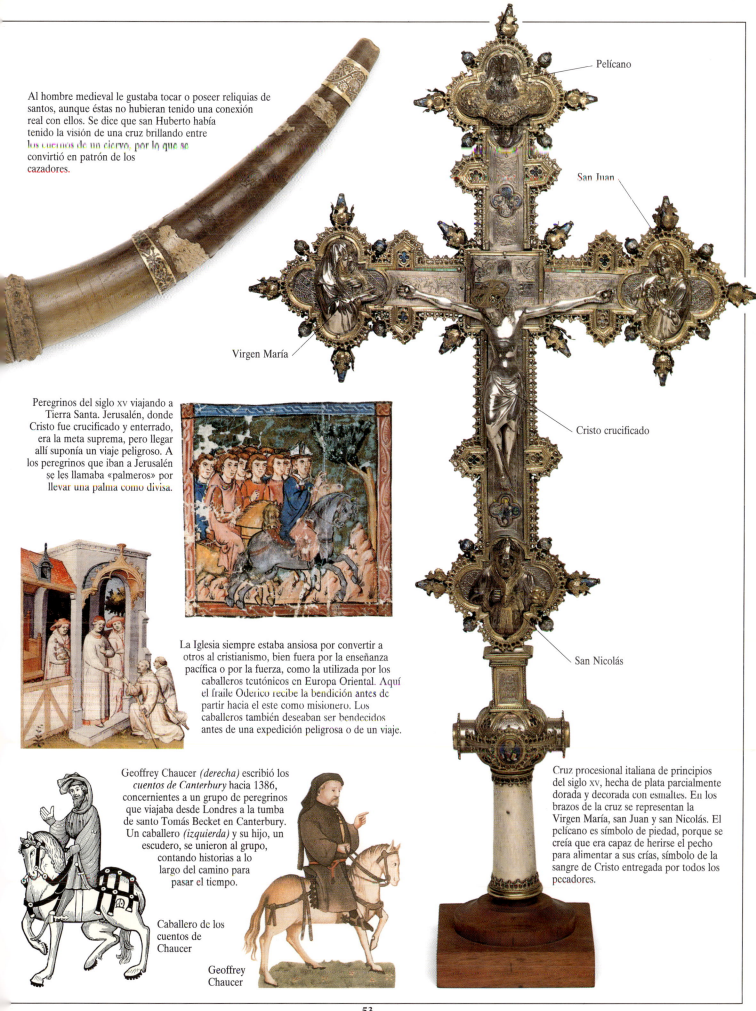

Al hombre medieval le gustaba tocar o poseer reliquias de santos, aunque éstas no hubieran tenido una conexión real con ellos. Se dice que san Huberto había tenido la visión de una cruz brillando entre los cuernos de un ciervo, por lo que se convirtió en patrón de los cazadores.

Peregrinos del siglo XV viajando a Tierra Santa. Jerusalén, donde Cristo fue crucificado y enterrado, era la meta suprema, pero llegar allí suponía un viaje peligroso. A los peregrinos que iban a Jerusalén se les llamaba «palmeros» por llevar una palma como divisa.

La Iglesia siempre estaba ansiosa por convertir a otros al cristianismo, bien fuera por la enseñanza pacífica o por la fuerza, como la utilizada por los caballeros teutónicos en Europa Oriental. Aquí el fraile Oderico recibe la bendición antes de partir hacia el este como misionero. Los caballeros también deseaban ser bendecidos antes de una expedición peligrosa o de un viaje.

Geoffrey Chaucer *(derecha)* escribió los *cuentos de Canterbury* hacia 1386, concernientes a un grupo de peregrinos que viajaba desde Londres a la tumba de santo Tomás Becket en Canterbury. Un caballero *(izquierda)* y su hijo, un escudero, se unieron al grupo, contando historias a lo largo del camino para pasar el tiempo.

Caballero de los cuentos de Chaucer

Geoffrey Chaucer

Cruz procesional italiana de principios del siglo XV, hecha de plata parcialmente dorada y decorada con esmaltes. En los brazos de la cruz se representan la Virgen María, san Juan y san Nicolás. El pelícano es símbolo de piedad, porque se creía que era capaz de herirse el pecho para alimentar a sus crías, símbolo de la sangre de Cristo entregada por todos los pecadores.

53

Las cruzadas

EN 1905, EN CLERMONT, FRANCIA, el papa Urbano II inició una expedición militar para arrebatar los Santos Lugares de la cristiandad a los turcos selyúcidas, que gobernaban Tierra Santa. Esta expedición se conoció como Primera Cruzada. Un ejército enorme viajó miles de kilómetros a través de Europa, entrando en Constantinopla (hoy Estambul) antes de capturar Jerusalén en 1099. La ciudad pronto fue reconquistada por los musulmanes y otros cruzados fracasaron al intentar retomarla, excepto en el breve período de 1228-1229 cuando el emperador alemán Federico II llega a un acuerdo con los musulmanes. Incluso Ricardo Corazón de León, el belicoso rey inglés y líder de la Tercera Cruzada en 1190, supo que podía capturar la ciudad, pero que no la retendría. Los monarcas occidentales crearon, sin embargo, estados feudales en Tierra Santa. La caída de Acre en 1291 marcó el final de uno de estos estados, pero los cristianos todavía combatieron a los musulmanes en España y en el Mediterráneo, y a los eslavos en Europa Oriental.

En 1096 el predicador francés Pedro el Ermitaño encabezó una indisciplinada muchedumbre desde Colonia, Alemania, hasta Jerusalén. En su camino se dedicaron al pillaje y al saqueo, matando judíos por su dinero y por culparles de la muerte de Cristo. También hubo algunos caballeros en esta cruzada popular que fue aniquilada en Anatolia por los turcos.

Los musulmanes vivieron en España desde el siglo VIII. Desde el siglo XI los reinos cristianos trataron de empujarles hacia el sur, hasta que Granada, su último reino, cayó en 1492. Monjes guerreros, como el de la Orden de Santiago representado en esta miniatura, ayudaron a reconquistar España.

· Cerco de coronas

Las iglesias medievales a menudo se decoraban con tejas de cerámica decoradas. Ésta, procedente de la abadía de Chertsey, Inglaterra, representa un retrato de Ricardo I, conocido como Ricardo Corazón de León, rey de Inglaterra de 1189 a 1199, uno de los líderes de la Tercera Cruzada en 1190.

Había dos rutas desde Europa a Tierra Santa: el peligroso camino terrestre o cruzar el Mediterráneo. Las ciudades-estado de Venecia, Pisa y Génova, deseosas de un nuevo comercio, proporcionaban los barcos. Infortunadamente, en 1204 Venecia persuadió a los jefes de la Cuarta Cruzada para atacar Constantinopla, que nunca se recuperó.

Caballero mameluco

Inscripción en árabe

Los musulmanes reclutaron entre los eslavos tropas de elite conocidas como mamelucos. Este recipiente de bronce de finales del siglo XIII o principios del XIV muestra a un caballero mameluco. Lleva coraza de launas, un tipo de armadura hecha con pequeñas placas de hierro enlazadas entre sí. Sostiene en alto un sable levemente curvado.

Los sarracenos montaban veloces caballos desde los que disparaban a los cruzados con sus arcos compuestos. Algunos llevaban armaduras de placas, mallas o defensas acolchadas. Los escudos redondos eran muy comunes, pero los sables levemente curvados se hicieron populares en el siglo XII.

Este plato italiano de 1520 representa a un guerrro turco. Las cruzadas desaparecieron a principios del siglo XIV y la gran ciudad fortificada de Constantinopla (hoy Estambul) quedó entre Turquía y Europa. La ciudad nunca volvió a recuperarse del daño sufrido durante la Cuarta Cruzada en 1204. En 1453 cayó en manos del sultán Suleimán el Magnífico y desde entonces forma parte de Turquía.

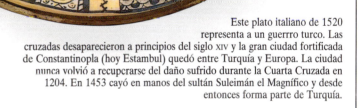

Miniatura de mediados del siglo XIII, representando a cristianos y musulmanes luchando, en 1218, durante el asedio cristiano a Damietta en la desembocadura del Nilo, en Egipto. El artista ha vestido a los musulmanes, a la derecha, como a los critianos.

Al igual que en Occidente los cruzados edificaron castillos de piedra y tomaron algunas ideas de los orientales. Los castillos cruzados se construyeron en fuertes parajes naturales. Este gran castillo, el Krak de los Caballeros, en Siria, perteneció a los Caballeros Hospitalarios. En el siglo XIII se añadió una cerca exterior.

Este sepulcro inglés del siglo XIII se cree que perteneció a sir John Holcombe, que murió por las heridas recibidas en la Segunda Cruzada (1147-1149). Popularmente se pensaba que las piernas cruzadas indicaban que era de un cruzado, pero de hecho responden simplemente al estilo de los escultores de la época.

Los Caballeros de Cristo

EN 1118 SE DIERON CUARTELES CERCA del templo de Jerusalén a un grupo de caballeros que protegía a los peregrinos cristianos en Tierra Santa. Estos hombres, conocidos como Caballeros Templarios (del templo) se convirtieron en una orden religiosa, pero diferenciándose de otros monjes por seguir combatiendo a los musulmanes. En la misma época, una orden que había trabajado con los enfermos se convirtió en orden militar, denominándose Caballeros de San Juan o Caballeros Hospitalarios. Cuando los cristianos perdieron el control de Tierra Santa en 1291, los Templarios, por entonces menos activos, encontraron que a los gobernantes europeos que les habían ayudado no les gustaba su poder y su carencia de acción, por lo que fueron disueltos. Los Hospitalarios llevaron su base al Mediterráneo y continuaron combatiendo a los musulmanes. Los Caballeros Teutónicos, una orden alemana que se hizo militar en 1198, se trasladaron a Europa Oriental y lucharon por convertir a los eslavos al cristianismo.

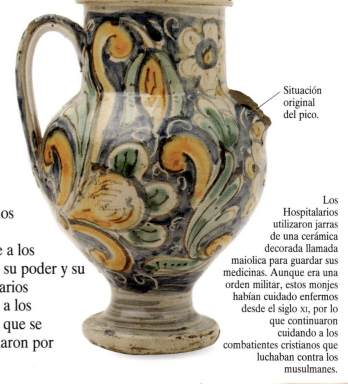

Situación original del pico.

Los Hospitalarios utilizaron jarras de una cerámica decorada llamada maiolica para guardar sus medicinas. Aunque era una orden militar, estos monjes habían cuidado enfermos desde el siglo XI, por lo que continuaron cuidando a los combatientes cristianos que luchaban contra los musulmanes.

Malta fue el último hogar de los Caballeros de san Juan. Este grabado de 1586 les representa trabajando en la gran sala de su hospital de la capital de Malta, La Valetta.

Los ingredientes de las medicinas de los Hospitalarios se molían con una mano de almirez en este mortero del siglo XII o XIII.

Después de tomar los cristianos el control en Tierra Santa, los Templarios se hicieron muy ricos y poderosos, lo que les hizo impopulares. El rey Felipe IV de Francia decidió confiscar sus bienes. El Gran Maestre, Jacques de Morlay, fue quemado en la hoguera en 1313 y la orden se suprimió en Europa.

Después de la pérdida de Tierra Santa en 1291, los Hospitalarios fueron primero a Chipre y en 1310 a Rodas, donde volvieron a combatir contra los musulmanes. Esta lucha continua significó que en vez de fortuna lograron escapar al destino de los Templarios.

Un Gran Maestre dirigía cada orden militar. Este sello perteneció a Raymond de Berenguer, que gobernó los Hospitalarios desde 1363 a 1374.

Esta cruz procesional del siglo XVI está hecha de roble cubierto con láminas de plata. La figura de Cristo es anterior. Los evangelistas están representados en los brazos de esta cruz que perteneció a los Hospitalarios. El escudo es el de Pierre Decluys, Gran Prior de Francia de 1522-1535. Cada orden tenía priores o comandantes en varios países que conseguían dinero y novicios.

Los Caballeros de San Juan debían atender los servicios de la Iglesia y conocer la Biblia al igual que otros monjes. Los breviarios como éste contenían el servicio diario. Debían seguir estrictas reglas basadas en las de las órdenes monásticas. Los Hospitalarios seguían la de san Benito y los Templarios la del Císter.

Los Templarios llevaban una sobrecota blanca con una cruz roja. Este fresco del siglo XII de la iglesia de Cressac, en Francia, muestra a un caballero galopando en la batalla.

Convertirse en Caballero Hospitalario significaba ser un experto combatiente y renunciar al mundo por una vida monástica. Al igual que otros monjes, juraban servir a la orden fielmente, renunciar a las mujeres y ayudar a los necesitados. Se cree que muchos caballeros hicieron sus votos sobre este libro de finales del siglo XV conocido como el Misal de Rodas.

El suministro de agua era vital en el corazón del Mediterráneo y en las rutas de peregrinación en Tierra Santa. Esta cantimplora metálica datada hacia 1500 lleva la cruz de la Orden de San Juan.

Caballeros del Sol Naciente

EUROPA NO ERA la única región que tenía una clase de guerreros. En Japón evolucionó una sociedad similar al sistema feudal de la Europa Medieval, donde el equivalente del caballero era el samurai. Ambos luchaban a caballo, servían a un señor y eran servidos por otros. Después de la guerra Gempei de 1180-1185, Japón fue gobernado por un emperador, pero el poder real permanecía en el caudillo militar o Shogun. Las guerras civiles debilitaron el poder de los Shogun y en 1550 Japón fue dividido en reinos gobernados por daimyo o barones. En 1543 los mercaderes portugueses llevaron las primeras armas de fuego y pronto aparecieron grandes ejércitos profesionales. Un fuerte Shogun fue revitalizado después de una victoria en 1600 y la última gran batalla entre samurais fue en 1615.

Cascos como éste del siglo XVII estaban a menudo adornados con elegantes bigotes. Tienen un cubrenuca hecho con launas de acero lacadas y enlazadas con seda. La laca se usaba para proteger el metal del húmedo clima japonés.

Copia del siglo XIX de una armadura del siglo XII según el estilo O-yoroi. Una tira de hierro va sujeta en lo alto del peto. El resto está construido con pequeñas launas de hierro lacadas y enlazadas con seda y cuero. En el siglo XII los samurais que llevaban estas armaduras eran arqueros montados.

Desde el siglo XIV se incrementaron los combates a pie entre samurais, que luchaban a caballo si era necesario. El cambio hacia el combate de a pie con espada y lanzacurvas supuso innovaciones en las armaduras.

Los samurais tenían gran estima por sus espadas. Esta estampa del siglo XIX muestra a un samurai con su larga espada desenvainada. Una espada más pequeña está sujeta por el cinturón, con el filo hacia arriba para propinar un golpe directamente desde la vaina.

Hoja templada

La espada más importante del samurai era la katana, protegida por una vaina de madera (saya). La guarda de la empuñadura era una pieza metálica ovalada y decorada (paba). El puño (tsuka) estaba recubierto de piel de tiburón, para impedir el deslizamiento de la mano, y atado con trencilla de seda. El botón del pomo (kashira) se fijaba en el extremo. La pareja de espadas (daisho) se completaba con una más corta (wakizashi), que también se sujetaba en el cinturón.

Pequeña caja lacada, inro, decorada, representando a un sirviente arrodillado ante un samurai. Los guerreros necesitaban sirvientes para que les ayudaran y cuidaran de su equipo, al igual que los caballeros occidentales. El samurai tenía poder sobre la vida y la muerte de sus sirvientes y sobre los granjeros que trabajaban su tierra y le proporcionaban comida.

Desde el siglo XVI la armadura japonesa se hizo más sólida para mayor protección contra las balas. Esta armadura del siglo XIX se llama tosei gusoku. La coraza, o do, protege el pecho. Cada brazo tiene una defensa (kote) y un guardabrazo (sode). En las piernas lleva defensas para la parte inferior del muslo (haidate) y las espinillas (suneate). El casco (kabuto) tiene una máscara (mempo) y cresta de cuernos de búfalo.

En este detalle de un cuadro del siglo XIX de Kunisada, el samurai Minamoto Yoshitsune es instruido en el manejo de la espada por seres llamados Tengi. Para llegar al uso correcto del arma se requerían muchos años de duro entrenamiento, ya que había muchos movimientos que debían ser dominados a la perfección. Las espadas japonesas tenían filos extremadamente cortantes.

Puño de piel de tiburón

Fotografía del siglo XIX motrando a un samurari con su armadura, construida con sólidas launas de hierro al contrario que los primeros ejemplares de pequeñas launas enlazadas. Lleva una sobrecota o jinbaori y, además de la espada, un arco largo, hecho de bambú encolado con otras maderas y atado con un tipo de palma. En el casco tiene dos cuernos.

Los profesionales

EN EL FRAGOR DE LA BATALLA ni siquiera los pesados escuadrones de caballeros podían romper las disciplinadas filas de la infantería. Las guerras entre Francia y Borgoña en 1476-1477 demostraron que los caballeros eran incapaces de vencer a sólidos cuerpos de piqueros respaldados por armas de fuego. Hacia 1500 la infantería se convirtió en la parte más importante de cualquier ejército. En Alemania unos soldados llamados lansquenetes copiaron a sus vecinos suizos el uso de picas y armas de fuego. Las fuerzas feudales, que combatían a cambio de tierra, fueron reemplazadas progresivamente por fuerzas permanentes pagadas, con soldados bien entrenados respaldados por mercenarios y hombres reclutados localmente. Aunque los caballeros jugaron su papel, se fueron haciendo cada vez menos efectivos en el campo de batalla.

Puño de madera y cuero

Arriaz

Guarda

Recazo cubierto de cuero.

Hoja flamígera

A finales del siglo XV y principios del XVI, a los suizos y a los lansquenetes alemanes les gustaba hacer gala de extravagantes ropas en un estilo abultado y acuchillado. Esta armadura alemana mimetiza hacia 1520 ese estilo. El acuchillado está grabado y dorado. Las superficies intermedias también están grabadas sugiriendo damascos y terciopelos.

Vista

Los cañones de mano suizos de finales del siglo XV dispraban con llaves de mecha a los soldados enemigos, respaldados por artillería. Los ejércitos suizos consistían en infantería con grandes formaciones de piqueros ayudadas por cañones de mano y artillería.

Launas para proteger la flexura

Malla posterior

Decoración hinchada y acuchillada.

Las espadas de dos manos como ésta eran útiles para cortar las puntas de las picas a los soldados enemigos. Las guardas de la hoja evitaban que el arma enemiga alcanzase las manos. El cuero en el recazo permitía acortar la empuñadura. Este ejemplar data de 1600, cuando comenzaron a convertirse en espadas ceremoniales.

Lansquenete alemán hacia 1520. Lleva media armadura con calzas hinchadas y acuchilladas, un «manto de obispo» de malla para proteger el cuello, espada de dos manos y una espada corta llamada *Katzbalger* (destripa gatos).

Lansquenete del siglo XVI con elaborada indumentaria y armadura, coronada en esta época por un penacho. Lleva una alabarda similar a la de la derecha.

Los infantes que podían pagar algún tipo de protección elegían medias armaduras, sin defensa en las piernas para andar mejor. La caballería ligera usaba modelos similares. Un yelmo abierto, llamado borgoñota, dejaba pasar el aire a la cara. El efecto en blanco y negro de esta armadura de 1550 se conseguía dejando unas partes pavonadas y otras de acero visto. El pavonado protegía contra el óxido.

El hacha de esta alabarda podía mutilar al enemigo, mientras que el gancho del dorso echaba la zancadilla a los caballos o tiraba al caballero de la silla. Este ejemplar alemán está datado hacia el 1500.

Carrillera

Manopla

Ballesta datada hacia 1520, con verga, o arco, hecho de caña y hueso de ballena recubierto de pergamino. Cuando la saeta golpeaba en ángulo recto podía atravesar la armadura. Al contrario que los arcos largos, que necesitaban entrenamiento constante, las ballestas se cargaban mecánicamente (págs. 50-51) y podían ser usadas con mayor facilidad. Fue un arma muy utilizada en Europa.

Estribo de acero

Atadura de cuerda y cuero trenzado

Escarcela

Cuerda trenzada

En este grabado de 1520 un artillero baja la brancha candente al oído de la recámara. Los cañones tienen decoración moldeada. El uso creciente del cañón fue un factor en el declive del castillo y el aumento de fortalezas fuertemente armadas. Los canones de campo se usaron contra la infantería y caballería enemigas.

Con las armas de fuego dominando el campo de batalla muchas armas pasaron a tener únicamente fines ceremoniales, como esta partesana italiana de 1690.

El ocaso de la caballería

LOS GOBERNANTES PREFIRIERON incrementar el uso de soldados profesionales, dejando a los caballeros vivir de sus haciendas. En el siglo XVII la guerra era cada vez más un trabajo para los soldados de plena dedicación, mercenarios y tropas de clase media. Los caballeros combatían ocasionalmente como oficiales, generalmente de caballería, pero el guerrero medieval ahora tan sólo era un recuerdo. La caballería nunca más fue concedida únicamente a los hijos de los caballeros. Se estaba convirtiendo en un honor, un título dado a los que el monarca consideraba merecedores de reconocimiento. Este concepto pervive en muchos lugares, pero el antiguo caballero no se ha olvidado. Su imagen sobrevive, ayudada en parte por viejos castillos e historias de héroes como el rey Arturo, y su mágica aureola, tejida por los poetas medievales y los románticos del siglo XIX, vivirá para siempre.

Escarcelas largas

Los últimos caballeros armados llevaron armaduras como ésta. El uso de piqueros y armas de fuego impedía a los caballeros cargar con sus lanzas. El incremento de las armas de fuego hizo que las launas fueran más gruesas, haciendo la armadura más pesada. Por ello dejaron de utilizarse las defensas inferiores de las piernas y se sustituyeron por botas de montar. A diferencia de este arnés italiano grabado y dorado, del siglo XVII, muchas armaduras fueron toscamente forjadas.

Rodillera desmontable

Empuñadura

La culata podía usarse como maza

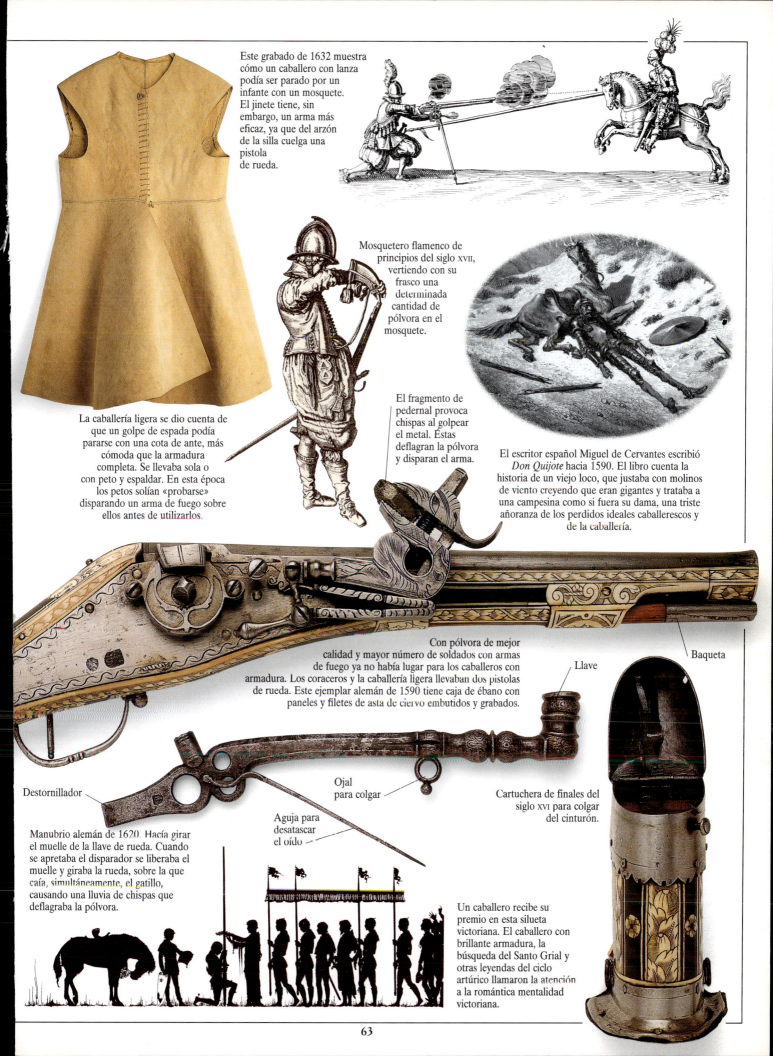

Este grabado de 1632 muestra cómo un caballero con lanza podía ser parado por un infante con un mosquete. El jinete tiene, sin embargo, un arma más eficaz, ya que del arzón de la silla cuelga una pistola de rueda.

Mosquetero flamenco de principios del siglo XVII, vertiendo con su frasco una determinada cantidad de pólvora en el mosquete.

La caballería ligera se dio cuenta de que un golpe de espada podía pararse con una cota de ante, más cómoda que la armadura completa. Se llevaba sola o con peto y espaldar. En esta época los petos solían «probarse» disparando un arma de fuego sobre ellos antes de utilizarlos.

El fragmento de pedernal provoca chispas al golpear el metal. Éstas deflagran la pólvora y disparan el arma.

El escritor español Miguel de Cervantes escribió *Don Quijote* hacia 1590. El libro cuenta la historia de un viejo loco, que justaba con molinos de viento creyendo que eran gigantes y trataba a una campesina como si fuera su dama, una triste añoranza de los perdidos ideales caballerescos y de la caballería.

Con pólvora de mejor calidad y mayor número de soldados con armas de fuego ya no había lugar para los caballeros con armadura. Los coraceros y la caballería ligera llevaban dos pistolas de rueda. Este ejemplar alemán de 1590 tiene caja de ébano con paneles y filetes de asta de ciervo embutidos y grabados.

Baqueta

Llave

Destornillador

Ojal para colgar

Cartuchera de finales del siglo XVI para colgar del cinturón.

Aguja para desatascar el oído

Manubrio alemán de 1620. Hacía girar el muelle de la llave de rueda. Cuando se apretaba el disparador se liberaba el muelle y giraba la rueda, sobre la que caía, simultáneamente, el gatillo, causando una lluvia de chispas que deflagraba la pólvora.

Un caballero recibe su premio en esta silueta victoriana. El caballero con brillante armadura, la búsqueda del Santo Grial y otras leyendas del ciclo artúrico llamaron la atención a la romántica mentalidad victoriana.

Índice

A
abrojos, 32, 33
acicate, 8, 20
acrobacias, 10
agua bendita, 52
ajedrez, 34, 36
aketon, 12
alabarda, 19, 63
almena, 23, 24
amor cortés, 38, 40-41
ampullae, 52
antebrazal, 16-17, 29
arandela, 18, 43
arco largo, 30-31, 59
arnés, 15, 47
armaduras, 12-13, 14-15, 16-17, 45, 47, 60-61, 62
armaduras, decoración, 14-15
armaduras, elaboración, 12, 16-17
armándose, 28-29
armero, 16-17, 34
armas, de fuego, 22, 25, 30, 51, 58, 60-61, 62-63
arqueros, 22, 24, 30-31, 32
artillería, 22, 26, 61
Arturo, rey, 41, 62
asedio, 23, 25, 26-27, 55
Azincourt, batalla de, 30, 32

B
bacines, 35
bacinete, 12, 32, 46
ballestas, 27, 29, 30, 62-63
ballesteros, 25, 26, 31, 32
bárbaros, 6
barbote, 15, 16, 29, 46
barbuta, 13
Bayeux, tapiz de, 8-9
bocado, 21
Bodiam, castillo de, 24-25
borgoñota, 14, 43, 61
bufa, 45

C
caballería, 40-41
Caballeros Teutónicos, 48, 56
caballo, 20-21
cáliz, 52
campeón de la réina, 41
campesinos, 36, 37
candelabros, 34
cañón, 26, 60-61
capilla, 23
Carlomagno, 6
carrusel, 42
cartuchera, 63
casco, 14, 58-59
Castilla, 49
castillos, 22-23, 24-25, 34-35
catapulta, 26-27
catedrales, 9
caza, 50-51
celada, 13-16, 21, 29, 46-47
Cervantes, 63
cetrería, 50-51
cimera, 12
codal, 16-17, 29, 45
combate a pie, 46-47
comidas, 10, 34, 59
Constantinopla, 52-53, 54-55
contrafuerte, 23
Courtrai, 30
Crècy, batalla de, 30, 32
crestas, 15, 42-43
cruz, 53, 57
cruzadas, 44-45
cuchillos, 45
Los cuentos de Canterbury, 11, 53

CH
Chaucer, Geoffrey, 11, 53

D
damas, juego de, 35-36
daga, 19
demonio, 41-42, 52
destrier, 20-21
Don Quijote, 63
donjon, 22

E
educación, 10-11, 39
Enrique I, 32
entrenamiento, 10
entretenimiento, 34
escarpe, 15, 28
escudero, 10-11, 28-29
escudos, 6-8, 9, 13, 48-49, 55
escudos de armas, 42, 48
espadas, 4, 7, 8-9, 10,11, 18-19, 41, 43-44, 46, 49, 50, 52, 58-59, 60, 63
espuelas, 8, 20-21, 29, 48
estribo, 6, 20, 61

F
falchion, 19, 49
familia, 37-38
Federico II, 50
feudal, sistema, 7, 36, 53
Fitzwalter, Robert, 36
flechas, 31
flor de l
is, 48
francos, 6
Froissart, 44

G
Ginebra, 41
greba, 17, 28
guardabrazo, 17, 29, 59
guardia, cuerpo de, 23
guerra de los Cien Años, 29

Guillermo de Normandía, 8-9

H
hacha, 7, 9, 18-19, 46, 63
halcón, 19, 49
Halder, Jacob, 15
Hastings, batalla de, 8-9
heráldica, 48-49
hilar, 34, 39
honda, 26, 30
Hospitalarios, 46, 56-57

I
infantería, 7, 30, 60-61
investidura, ceremonia de, 11, 40

J
jabalina, 9-10, 46
Japón, 58-59
jarra, de medicinas, 56
Jerusalén, 54
jubón de armar, 28-30
justa, 44-45

K
Krak de los Caballeros, 55

L
Lancelot, 41
lansquenetes, 60-61
lanza, 6, 8, 13, 15, 18-19, 30, 33, 43, 44-45, 46, 51, 58, 62
Lee, sir Henry, 15
lucha libre, 10
Luis XII, 15

M
malla, 7-8, 9, 12-13, 18-19, 20, 28, 32, 55
mamelucos, 54
manoplas, 12-13, 15-16, 29, 43
manoplón, 45
manubrio, 63
matrimonio, 38-39, 40, 49
Maximiliano, estilo, 14
Misal de Rodas, 57
mota, 22
mujeres, 38-39
musulmanes, 54-55

N
normandos, 8-9

O
órdenes religiosas, 56-57
orfebrería, 38-39, 49

P
paje, 10, 46
palafrén, 20
paradas, 14-15, 40, 42-43
Paris, Matthew, 13
pavonado, 14, 61
Pedro el Ermitaño, 54
peregrinación, 52-53
perros, 50-51
pesas, 35
peto, 10, 15, 18, 44-45, 58, 63
pistola de rueda, 63
Poitiers, batalla de, 32
profesionales, 58, 60-61, 62

Q
quijote, 14-15, 17, 28, 32

R
religión, 52-53, 54-55, 56-57
rendición, 27
Rennen, 44
ristre, 15, 44-45
Rochester, castillo de, 23
rodeleta, 14, 29

S
Samurai, 58-59
san Jorge, 40
san Juan, Caballeros de, 55, 56-57
sello, 36, 49, 47
señuelo, 50
silla, de montar, 5-7, 18, 40, 61, 63
sobrecodal, 45

T
Tabla Redonda, 41
tarja, 44-45
Templarios, 56-57
testafermo, 11
testera, 21
torneos, 42-43
trabuquete, 26
Tristán e Isolda, 41
Triunfo de Maximiliano, 15
tronera, 25

V
ventalle, 16, 46-47
vestíbulo, 23-24
vikingos, 8, 22
Virgen María, 52
vista, 13-14, 16, 43, 44-45, 60

Iconografía

s = superior c = centro i = inferior
iz = izquierda d = derecha

Ancient Art and Architecture Collection: 58ciz, 58c, 58sd, 59iiz
Bridgeman Art Library: 53i
Biblioteca Estense, Módena: 10i
British Library: 19sc, 20sd, 20c, 38cd, 39c, 49sr, 54siz
Bibliothèque Municipale de Lyon: 55c
Bibliothèque Nationale, París: 11id, 15sd, 22cd, 25siz, 41sd, 42iiz, 43s, 54iiz, 57sd
Corpus Christi College, Oxford: 54id Giraudon
Musé
e Conde, Chantilly: 50iiz, 51iiz
Biblioteca Vaticana, Roma: 50id
Victoria and Albert Museum: 37ciz
Wrangham Collection: 59c

Burgerbibliothek, Berna: 25dc
Christ Church, Oxford. Fotografía: Bodleian Library: 27 siz
E. T. Archive: 6iiz, 11siz, 18iiz, 27sd, 30iiz, 31iiz, 33ciz, 33cd, 39sd, 41c, 49iiz, 57ic, 58dc, 60c
British Library: 19ic, 32c
British Museum: 27bl
Fitzwilliam Museum, Cambridge, 48dc
Robert Harding Picture Library: 8siz, 12dc, 18sd, 22iiz, 26c, 34id, 55iiz
British Library: 11c, 34ciz, 44i, 45iiz
Michael Holford: 8iiz, 9sd, 52c, 55id
Hulton-Deutsch Collection: 56ciz
A. F. Kersting: 9ciz
Mansell Collection: 11iiz, 21c, 39sd, 46id, 55siz, 63iiz

Alinari: 46sd
Bildarchiv Foto Marburg: 48id
Archivo Mas: 54ciz
Stadtbibliothek Nürnberg: 17dc
Osterreichische Nationalbibliothek, Viena (Cod.2597, f.15): 40id
Pierpont Morgan Library, Nueva York: 29c; Scala: 7id, 33s, 34sizc, 36ciz
Stiftsbibliothek St. Gallen: 6c
Syndication International: 26id, 27 ciz, 27sciz, 32ic, 37siz, 41siz, 50sd, 53iz, 57siz
Trevor Wood: 36sr.

Han colaborado:

La Wallace Collection, la Real Armería y el Museo Británico de Londres, junto con el Museo de la Orden de San Juan, proporcionando obejtos para fotografiar.
El Patrimonio Nacional inglés, el National Trust y los Monumentos Históricos de Gales al permitir fotografiar los castillos de Rochester, Bodiam y Caerphilly.
David Edge con la información sobre los fondos de la Wallace Collection.
Paul Cannings, Jonathan Walker, John Waller, Bob Dow, Ray Monery y Julia Harris como modelos.
Anita Burger en el maquillaje.
Joanna Cameron en las ilustraciones (págs. 22-23).
Angels y Bursmans en el vestuario.
Sharon Spencer y Manisha Patel en la confección.
Helena Spiteri en la edición.

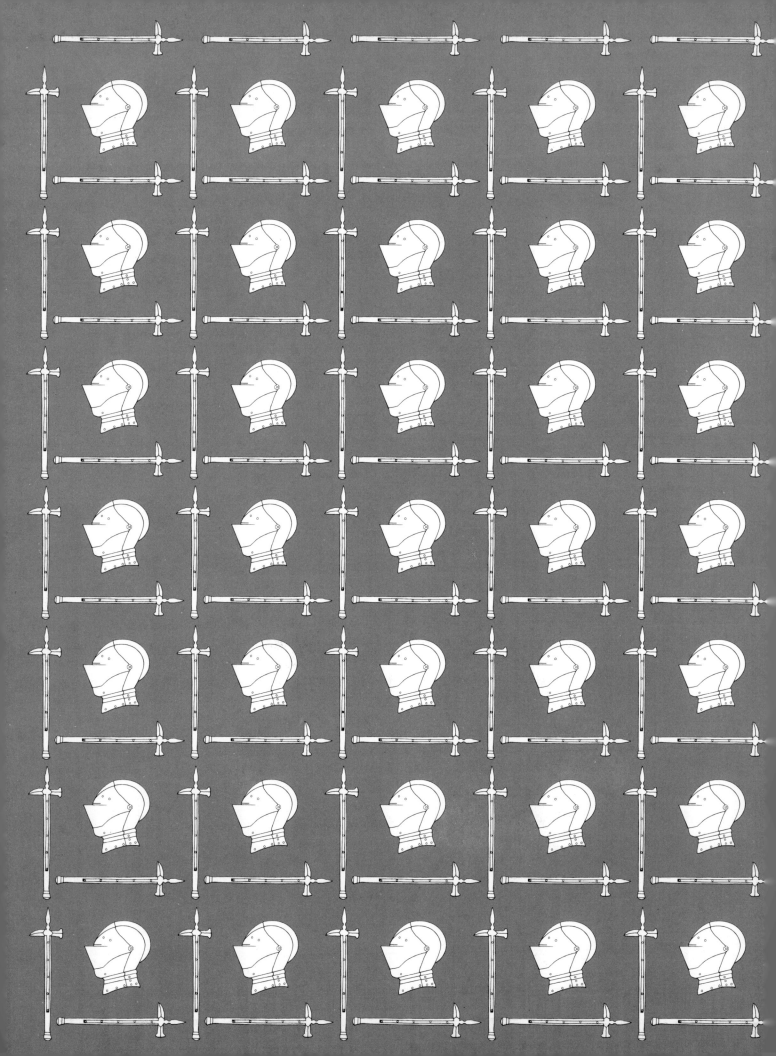